后自媒体时代的内容创业

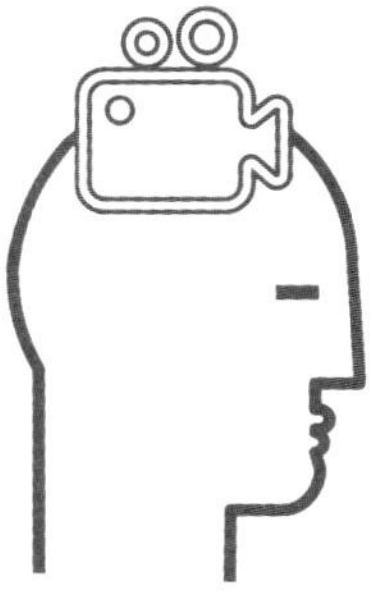

一点资讯◎主编

编写组成员 邵文婷 郑佳婧 李婷婷 石文婕

人民东方出版传媒
東方出版社

图书在版编目（CIP）数据

后自媒体时代的内容创业 / 一点资讯 主编 . — 北京：东方出版社，2019.10
ISBN 978-7-5207-1061-9

Ⅰ. ①后…　Ⅱ . ①一…　Ⅲ . ①传播媒介—网络营销　Ⅳ . ① G206.2

中国版本图书馆 CIP 数据核字（2019）第 115220 号

后自媒体时代的内容创业
（HOUZIMEITI SHIDAI DE NEIRONG CHUANGYE）

主　　编：一点资讯
责任编辑：李　烨　谭路星
出　　版：东方出版社
发　　行：人民东方出版传媒有限公司
地　　址：北京市朝阳区西坝河北里 51 号
邮　　编：100028
印　　刷：北京联兴盛业印刷股份有限公司
版　　次：2019 年 10 月第 1 版
印　　次：2019 年 10 月第 1 次印刷
开　　本：880 毫米 ×1230 毫米　1/32
印　　张：7.5
字　　数：119 千字
书　　号：ISBN 978-7-5207-1061-9
定　　价：48.00 元
发行电话：（010）85924663　85924644　85924641

序　言

徐达内

随着用户对于内容要求的逐渐提高，对内容消费变得越发理性，“优质内容”才是自媒体人获取用户和利益的核心，创作者和平台如果不能持续生产优质内容，被用户抛弃是早晚的事。

温暖积极的好内容是今天的新主流

2018 年的一个关键词是“规范化”，监管整治、平台自律、用户需求升级，都促使新媒体走向规范化，告别野蛮生长。自律才能自由，内容生产必须遵守底线，做温暖的、积极的好内容，才是今天的新主流。

规范化同样来自平台。各大内容平台作为流量枢纽，被赋予了主体责任，他们积极践行行业自律，通过净化和择优两种手段，删除处理劣质侵权内容，识别鼓励优质原创内容。

当然，内容规范化的根本动力来自用户。用户学会了用眼睛投票，用钱包投票，那些粗制滥造的低俗内容被抛弃，深度和专业、及时和准确，才是他们评价“好”内容的标准，只有具备质量深度、专业见识的内容，才有可能促使用户付费，离钱更近。

内容介质变化在2018年非常明显。短视频，以及更短的小视频，是内容创业领域的第二个新主流。数据显示，热门短视频App的用户规模接近6亿，总使用时长增速明显，已经几乎持平于传统在线视频App。

各互联网巨头纷纷加码短视频，为现有业务提供新的消费场景，增强用户黏性，“短视频+”成为平台标配。48.2%的创作者表示，2019年会将短视频或小视频作为创作重点，面对洪流，创作者正在加速迁移、加速转型。

数据显示，1分钟以下小视频的发布比和播放比，分别超过七成和五成。一方面，广告主对短视频/直播的投放意向增幅达40%；另一方面，竖屏广告转化率高于横屏，尤其竖屏完播率是横屏的9倍。竖屏，既是镜头语言革命，又是营销新利器。新榜学院为爆款小视频总结出六大核心要素：内容紧凑、颜值才艺、生活化、魔性背景音乐、特效创意、IP出镜。大家不妨回忆一下，2018年层出不穷的魔性小视频，是否符合以上特点。

“下沉”内容将是内容创业的一条快车道

在今天，微信公众号仍然是内容创业者的大本营，只是红利已不多。创业者们如同游牧民族一般，寻找新的肥美水草，新的流量曙光。

互联网下半场，流量愈发向头部平台集中。移动社交、新闻资讯、移动视频等与内容相关的App使用时长集中度，普遍超过50%。互联网巨头们布局全景流量，争夺用户时间，竞争激烈。

在争夺用户的同时，内容平台也在不遗余力地吸引内容生产方，只不过，平台的扶持策略，从过去广撒网式的补贴大战，升级成为有针对性的赋能。在2018年，内容平台的资源显著向原创内容和短视频倾斜，向专业量产的内容机构倾斜。过去两年，赚到钱的 MCN(多通道网络，Multi-Channel Network)真的不多，甚至很少。未来，MCN 要么有量（内容量产能力），要么有质（IP 打造能力），才能接住平台赋的“能”。松散式的、联盟式的 MCN 机构都是金玉其外，无内容能力的松散组织将被踢出局。

一二线城市人的手机里已经装不下更多的 App，而我们的父老乡亲，他们每天都在趣头条上吸收资讯。有趣的内容并不特指滤镜美颜、山珍海味，广袤的土地上，还有天然去雕饰的原生态内容尚待开发，这种“去滤镜化”的下沉与真实，将是下一个内容风口。

私域流量 = 无形资产

内容的价值特别是商业价值如何体现？价值蕴藏在新媒体企业和企业新媒体两个层面。

新媒体企业，是指通过内容创作进行多元变现的创业机构。他们或提供传播曝光、IP 背书，或直接带来销售转化，将“值钱”的内容渗透至营销各环节。

首先看内容营销。广告仍然是内容创业者们最主要的变现方式，以品牌原生广告为主的商业模式，在今天要加上“全域”两个字，介质形式上的全域、流量渠道上的全域、策划流程上的全域，原来简单的流量买进卖出，发展到如今有更多的植入形式和整合流量的能力。

新榜最近几年一直持续关注内容电商，发现内容电商公众号数量连续两年保持65%以上增长率，更多中小公众号发力内容电商。其中还有三个小趋势：一是，高质量内容及社群运营，电商复购率可以高达80%；二是，“去滤镜化”的下沉场景，为农副产品打开了销路，“三农”红人纷纷在田间地头卖好货；三是，模式更前端，从买手导购模式向联合生产、联名产品发展。

可是，我们也意识到，线上流量越来越贵，增长乏力，因此在2018年，一条、十点读书、日食记等头部创业公司开始探索线下机会。他们开设线下门店的目标不尽相同，但核心都是内容IP的杠杆作用，连接线上线下，满足用户对内容、对商品的双重升级需求。

内容的价值远不止于此，它正在与产业深刻结合，为企业发挥聚拢人气、沉淀用户、价值传递、销售转化的多重作用。在此，要牢牢记住一个概念：“私域流量”。

在去中心化的社交媒体时代，企业有了独立发声的可能，有了积攒私域流量的途径。为降低外购流量的营销成本，企业开始重视用户运营，在各内容平台上建设官方账号，构建私域流量，沉淀自有粉丝，逐步累积掌控在自己手中的“无形资产”。

私域流量运营不仅有助于品牌宣传，调动企业新媒体矩阵一齐对外输出品牌价值观，而且能实打实地带来销售转化，直接面向自有粉丝池进行产品售卖，达成数以亿计的销售额。开通企业公众号，并不等同于私域流量运营。大多数企业的私域流量建设仍然处于初级阶段，这项系统工程既需要人力物力的资源投入，又需要坚持科学的方法论，搭建团队，各司其职，绩效管理与能力提升并行。

2018 年，显然是充满挑战的一年。面对全新的时代，很多新媒体人感到困惑，红利消失，行业未来的出路究竟在哪里？本书共记录了十几位自媒体人的创作历程，在后自媒体时代坚守创作内容的初心，创造着内容价值的同时，探索着自媒体创业的全新方向。

目录

办公室小野：创作者的身份更像是一个产品经理 001
老树画画：以诗配图，统一视觉和观念的传达才相得益彰 017
蜗牛看西游：写一本不一样的“西游读后感” 036
同道大叔的内容创作之路：网红→IP→IP品牌化 053
末那大叔：喜怒哀乐爱恶欲七种情绪，总有一个能戳中你 075
冒险雷探长：一个带着导演思维出发的冒险家 088
烹小鲜成长记 106
神经兄弟的喜剧江湖：冒犯得有道理，得罪得没关系 117
北京民俗：我做自媒体最大的困难就是“孤独” 133
北石同学：生活很静但生命很野 142

吴佩：我不是韩寒第二，我做不到他那么洒脱 161

商务范：我有我态度 176

老鼠皇帝首席村妇："环球旅行"不仅是梦想更是早已设计的生活方式 195

师义龙：用滑板穿行，用镜头记录人与城市的关系 212

办公室小野：创作者的身份更像是一个产品经理

立足于“机制 + 工具 + 人”的模式，创作才不会很容易就遭遇瓶颈。

通过数据库去分析用户的喜好，任何内容脱离了用户，就是“自嗨”。短视频是“产品”，而不是“作品”，在创作内容的时候，创作者的身份更像是一个产品经理。

办公室不只有 KPI，也有诗和远方

Q：在美食视频节目的大浪潮中，网友评价你是“清流中的泥石流”，你个人如何看待这一标签化的评价？你是否给自己做过标签化的定位？

小野："泥石流"这个标签很精准地概括了我的风格，很感谢网友们给我这个与众不同的拉风称谓，我会继续把这个称谓发扬光大的。我对自己的定位是"国际野"，在海外我有600多万的粉丝，虽然他们有着不同的语言、肤色和不同的文化背景，却因为美食而连接在一起，这使我感觉很骄傲和不可思议。

我把办公室当厨房，改造了很多冷冰冰的办公物品，看起来无所不能，是他们眼中的"全能野"。但我一直很想说，小野真的不是天生那么全能，很多技能都是我花费了许多时间和精力去学习而来的。

Q：有人评价"小野"是一个有故事的女同学，创作者大会也让我们看到了"小野"同样是个会讲故事的女同学。那最初拍摄办公室做饭的视频是出于兴趣，还是有计划地想通过自己的方式给大家讲些关于自己的故事呢？你想通过这些视频传递怎样的东西呢？

小野：我原本是洋葱视频一个创意小组的策划，当时公司打算做一个美食类的视频栏目，我们公司有几个小组都在做尝试，有小清新派，有膳食营养派。他们的精力基本花在硬件上，连拍摄桌面的纹路都要去较真，最后出来的效果并不好，市场上的同类竞品太多了，想要脱颖而出几乎不可能。

当时的我想法很简单，就是要标新立异，跟大家都不一样。出于降低拍摄难度的考虑，我们干脆放弃了前期计划的户外拍摄，在办公室就地取材做起美食来。

我到后来才想清楚办公室小野存在的意义，一个粉丝给了我很大的启发。他是一个厨师，在微博上找到我并私信说，他一直被框在一个盒子里，每天做着重复的事，只为了每个月 15 号要领的工资，人生一眼便能望穿。他想加入我们，一起自由地做菜。我虽然拒绝了他，但瞬间明白了，我传递的其实是一种自由无束缚的生活态度啊。我找到了自己的精神内核，这一点我的粉丝比我更加清楚地感受到了：办公室不是一个只有 KPI 的地方，这里也可以有诗和远方。那些被禁止在办公室吃早饭的白领，看到我在办公室做菜，会感到解压和过瘾吧。

饮水机煮火锅后，长相被攻击让我开始怀疑人生

Q：你的片子在网上爆火的同时我们也看到网络上有很多质疑的声音，甚至出现了“创意抄袭”这样的声音，一路走来遇到的最大的困难是什么？当出现质疑声的时候，你是否想过退缩或者转变方向？

小野：我曾经因为饮水机煮火锅的争议陷入了非常消极的状态，来自四面八方的谩骂让我在亲朋好友面前痛哭了一场，攻击我的长相更是让我开始怀疑人生，甚至想过把视频删了再也不做了。但回过头来看，爆红在意料之外，我当时还没有准备好去承接大众对我的议论，在拍摄环节也忽略了把清洗的相关流程在视频中展示出来，所以导致大家对卫生问题产生质疑。后来有人说我抄袭“野食小哥”，其实“野食小哥”和我就好像岳飞和张飞，一个在野外正经地做美食，一个在室内搞怪地做美食，一个是“清流”，一个是“泥石流”，如果仅仅因为名字里都有“野”就判定抄袭，我会委屈，也很不服。这些争议在当时看来是阻碍和困难，但现在的我会认为，正是它们成就了现在的小野。

我不惧批评，也受得起褒奖。把精力放在正在做的事情

上，不去理会外界的干扰，并做到极致，这才是创作者自身最大的困难和挑战。

Q：你还记得自己的第一条爆款视频吗？当时为什么会选择这一内容来做？

小野：第一条爆款是饮水机煮火锅，当天就上了微博热搜榜第一名，全网都刷屏了，直到现在，很多网友都是通过这条视频认识我的。当时正值过年，我们就想来玩场大的。之前听说过用饮水机煮方便面，那我就想来一个口味重的，因为我是火锅的忠实爱好者，就决定用饮水机煮火锅。虽然国外比较火的是机箱摊煎饼，但是饮水机在中国办公室出现的可能性比较大，大家也会有共鸣。

Q：视频网站上出现过一个模仿“小野”饮水机煮火锅、手烤鱼、瓷砖煎牛排却均以失败告终的网友，但是在小野的视频中我们却可以看到每次都是成功的，实现一个创意大概要试验多少次？

小野：我们决定了要拍摄的选题，一定是可以成功且符合原理，目前还没有失败的案例。网络上以失败告终的模仿做法，应该是在环节和流程中出了问题。我们在拍摄前会经过无数次反复的试验直到成功，比如饮水机煮火锅，如果不对温控开关进行改装，就不可能把火锅煮熟，当然，也不排除有的作者是以恶搞的形式来重新演绎小野的作品。

试验次数要看具体的题材，比如手心烤鱼那一期，我们就试验了很多次，在试验过程中还发生了意外，我把自己的眉毛和睫毛都烧掉了，睫毛到现在还没长出来。安全问题是我们现在最重视的，有安全隐患的地方，我也会在视频后面以文字的形式告诫用户，“安全第一，请勿模仿”。

创意是“小野”的核心和灵魂

Q：很多短视频的创作者都会遇到如何保持创意可持续性的瓶颈，“小野”是如何来解决这一问题的?

小野：在“小野”的作品中，创意就是核心和灵魂，比起其他领域的创作者，创意对我们更加关键。要保持创意的可持续性，主要是看内容机制。

首先，创意是我们擅长的领域。其次，我们会通过团队的力量不断输出更好的创意，而团队的创意来源于工具，即

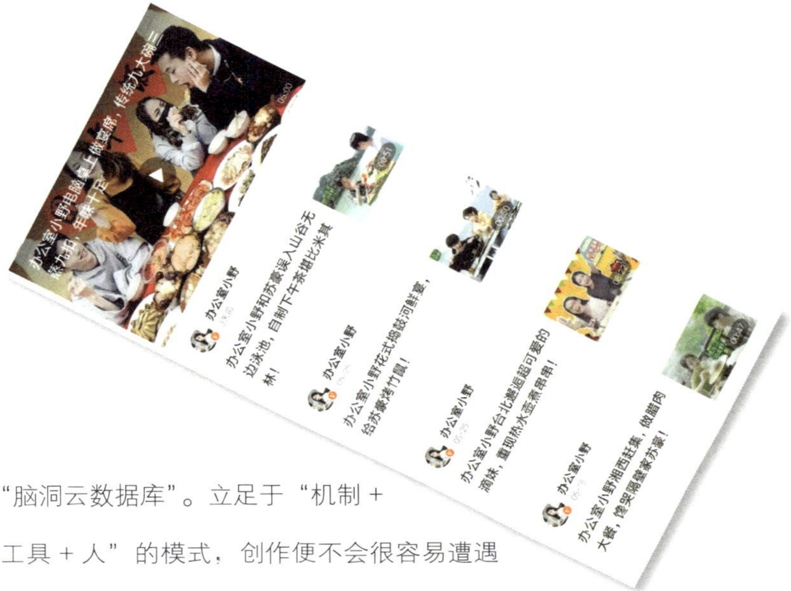

“脑洞云数据库”。立足于“机制 + 工具 + 人”的模式，创作便不会很容易遭遇瓶颈。

另外，理念迭代也是保证创意持续的方法，虽然我是“办公室小野”，但我不会把自己局限在美食或者办公室的场景里。我曾经做了一期用美食化妆的视频，在全网播放量破亿，虽然它只是一期广告视频，却成了爆款。还有跟“七舅脑爷”跨界合作的烧脑悬疑片《野路》，全网播放量也破了 5000 万。

当我尝试新领域时，观众反而特别买账。我不是一个教大家做美食的博主，而是创意视频博主。“小野 +”所代表的可能性和想象空间太大了，只要保持内容的鲜活度，创作就没有瓶颈。我相信观众喜欢一个博主一定是基于许多因素，并非某个维度。

Q：你是否会为了迎合大众的口味而制作某些内容呢？

小野：做内容的出发点，就是从用户角度出发，通过数据库去分析他们的喜好。脱离用户的内容，就是“自嗨”。短视频是“产品”，而不是“作品”，在创作内容的时候，创作者的身份更像是一个产品经理。

如果只是跨平台简单的搬运，是没有办法匹配到不同用户口味的，必须进行精细化的运营。基于“小野”的海外人气，我们会为海外用户定制部分内容，比如万圣节，也会录制回答国外网友问题的英文视频。

Q：这种无旁白配音的视频对娱乐类的美食视频来说，也是一把“双刃剑”。一方面，观者能够高度集中于其手中所做之事；但是另一方面，这种高度集中对精力的消耗，未必与用户的娱乐需求相符。对此，你如何看待？

小野：无旁白对我来说，确实是一把“双刃剑”，它突破了语言限制，让全世界的人都能理解并喜欢上小野，从而意外收获一批海外粉丝；但另一方面，我个人的感受是不说话会让大家对我产生误解，观众会认为我是“高冷野”，我没有办法通过语言这种更加丰富的表现形式去呈现我本来的性格和优势。因此，在后期的视频中大家会发现，虽然我不说话，但在通过其他方式让粉丝更加了解我。比如在评论里跟粉丝讲讲公司同事的八卦，分享跟爸爸的搞笑聊天记录等，这就是最真实的我。

至于用户的娱乐需求，从评论的反馈就能清楚呈现，他们不会因为我不讲话而失去看短视频的乐趣。就像微博 CEO 王高飞说的：全世界的人都不喜欢上班，但全世界的人都喜欢吃。我在办公室里做美食，满足了大多数上班族的幻想，

也许那样一个开放无束缚的环境，是每个上班族心中的乌托邦。娱乐在我看来并不只是语言对大脑的一味霸占，语言会承担和抓取用户的一部分注意力，无旁白也不是对精力的消耗，而是一种更加高级和有门槛的娱乐形式。

Q：作为内容创作者如何才能保持持续高水准的内容创作能力，持久产生爆款?

小野：我在工作上特别较真，刚开始跟我共事的同事可能会很不习惯，他们想不明白为何一个简单的镜头我为了达到完美要反复拍超过50遍，一块牛排因为切的形状不对一定要重拍。我从上传第一个视频到现在，从来没有降低过对自己的标准，每一个放出去的镜头都是我认为值得粉丝花时间去看的。你有没有用心，屏幕另一端的人一目了然，细节是最值得用户去讨论的地方。

“小野”火了以后，很多人说我厉害，包括我的老板，平时真的很严格，都开始在同事和同行面前夸我，我还挺不好意思的。我想告诉大家，“小野”其实很普通。我从小到大都不是一个多么有天赋的人，但我相信勤能补拙，选择了一个对的赛道之后，能够保持最初的创作心态和韧劲是最重要的，从第一个爆款到持续的优质产出，是我对自己最基本的要求。

Q：喜新厌旧是人的通病，如何弥补形式上新鲜感的下降导致的用户疲劳?

小野：不管是TOP级的明星还是创作者，一定会有新旧的迭代。把用户的喜新厌旧当作驱动力挺好的，不然怎么会有源源不断的创意内容出来。如果真的有一天我需要退到幕后，也是一件很正常的事情，我的专业是编导，说不定我在幕后可以做得更好。

Q：从开始的创作内容、拍摄短视频到现在，对你影响最大的一件事儿或某个人是什么或者谁呢?

小野：我做决定非常果断，不太会受别人的影响。但我最近有一个非常佩服的人——曾国藩，他虽然是个毁誉参半的人，但他身上的那股韧劲、自律、不服输非常打动我，明明资质那么平庸，却如此渴求伟大。我不佩服天资聪明的人，但钦佩那些有毅力、能坚持、会长跑的人。

Q：自媒体时代给你带来最大的收益是什么?

小野：一年前的我，刚结束电视台的实习步入社会。我还记得 2017 年 4 月，在金秒奖的颁奖典礼上，我从佟大为的手上接过奖杯，表面上看起来很淡定，但紧张得脑子一片空白，完全不知道该说什么，整个人都是蒙的。

在这一年里，我遭遇谩骂，也收获了超过 3000 万份的喜爱，眼界拓宽了，格局变得更大，也开始重新审视自己。我们生命中会突然闯入一只蝴蝶，它扇了一下翅膀给我们带来巨大的波澜，我想踩准它的节奏，跟着它翩翩起舞。

成为“办公室小野”，进入了我热爱的内容行业，就是我最大的收益。听起来不是特别实质性的收益，但这个问题很多人活了一辈子可能都无法想明白。

IP 构想阶段做商业化布局才可以更好变现

Q：MCN 洋葱的创始团队几乎都是从电商或者互联网 IT 从业者转行过来的，在内容流量变现的同时，你是否会考虑结合电商作为未来的发展渠道呢？我们看到了小野的视频其实已经尝试了与淘宝视频的融合。

小野：我所在的公司洋葱集团致力于成为国内领先的内容生态服务商。“洋葱”不仅会继续在优质内容上深度挖掘，更将着力于孵化更多不同属性的 IP，通过成熟的品牌生产和研发体系，帮助我们的部分垂直类 IP 实现内容电商的品牌化转型，完成 IP 打造的商业闭环。目前，公司年营收已达数亿元。

我目前的变现方式主要是原生广告，合作过的品牌有华为、支付宝、苏宁、韩后等。截至 2017 年 7 月，数据最好的一期内容就是广告，即为韩后定制的美食化妆创意视频。内容创作者想要更好地变现的话，需要在 IP 构想阶段就去考虑商业化布局，让你的用户对广告信息脱敏。但前提是把你的内容做到极致，并保持优质产出，使用户的注意力始终在你的内容上面，当广告成为内容的一部分时，他们不但不

会反感，还会觉得很有意思。把内容作为源头活水，为商业赋能。

跟淘宝的合作是我跨界电商很成功的一次尝试，保持了目前淘宝内短视频最好的数据，8 期栏目获得了 7 亿以上的播放量，微博话题量也达到了 1 亿。这次合作让我看到了“小野”这个 IP 身上有很大的电商变现潜力和可塑性，可见淘宝与短视频达人的合作是双赢的，IP 解决了变现难，淘宝也增加了用户的停留时间。

Q：“办公室小野”之所以可以迅速拓展到海外市场的最

大优势是什么？

小野：第一，“小野”的视频没有对白和字幕，完全打破了语言限制。

第二，“小野”的视频基于美食内容，而美食是全世界共同的热爱，完全打破了文化限制。

所以，我们做了充足准备：

第一，内容和创意层面的准备。

一开始我们就判断“办公室小野”可以做出一个世界级的 IP，基于整个视野来考虑内容和创意的策划，能够让该 IP 的辐射范围更广。

第二，运营发行方面。

在海外的全网发行方面，我们对小野的内容做了超过 30 个海外平台的运营，包括最主流的 YouTube、Facebook、Instagram，也包括一些区域和非英语语种的平台发行。

至于为什么涨粉这么快，最核心的还是内容的定位非常精准狠。在 YouTube 的内容分类中，有一个分类叫 lifehack，这是一个高流量的标签，我的视频把这个调性做到了极致。

Q：接下来在海外会有哪些部署和尝试呢？

小野：我接下来会开启“亚洲美食之旅”的活动，与亚洲各个城市当地的TOP级明星、创作者合作，用“小野”特有的方式制作当地特色美食，并把中国的美食带到世界各地，在传播中国文化的同时，进一步提升小野在全世界范围的影响力。明年还会有欧洲之旅的计划，我还蛮想尝试在南极制作美食，一定会很好玩。

Q：对于正在内容创作的路上及想要踏上这条路的朋友们，有什么经验上的分享吗?

小野：1. 把做内容当作你的事业，而不是工作，它需要融入你的生活。做内容是一件非常单纯、自我的事情。

2. 了解自身基因，选择正确的赛道，有目的但不是有功利心地去做内容。

3. 有人喜欢你，也会有人不喜欢你，接受这个现实。不要让反对的声音成为你的阻碍。

4. 阶段性地复盘，进行迭代，保证内容的鲜活度，延长IP的生命周期。

5. 时刻保持危机感，一次成功之后如果没承接好，会让你摔得很惨。

老树画画：以诗配图，统一视觉和观念的传达才相得益彰

写字比画画还稍微麻烦一点儿，要琢磨琢磨，要尽量往通俗里说，让大家都明白。我是学中文的，容易犯毛病，一写就装，各种修辞、用典，写完之后还得改得通俗一些。

绘画确实有表达不了的东西，而文字可以补充这个缺陷，以诗配图，一个是视觉传达，一个是观念传达，二者相得益彰。

中国绘画本来就是诗书画一体的，只要直指人心的就是好画。

写字比画画更麻烦

Q：你是什么时候开始爱上画画的?

老树：1953年，我生于山东潍坊临朐县，虽然住在农村，接触的都是墙上的宣传画，对真正的绘画是一无所知，可我打小就对画画有种迷恋。1979年，我从老家潍坊考入南开大学中文系，赶上了“新三届”的尾巴。第一个学期里班长搞课外活动，带着大家看了一次国画展，我就给镇住了。一进门迎面就是徐悲鸿的一匹马。那时候资讯不发达，什么都看不到，突然看到就看傻了。

回来之后就开始画，我的第一份“作品”，是临摹入学时人手一个的搪瓷脸盆的盆底。那上面有两只红色的金鱼，我就用铅笔描了下来。那时穷，一学期22元的助学金，除开生活杂费，就算全拿去买纸笔墨也买不上什么好的，画画主要还得靠“糊窗户的高丽纸”。我对画画，绝不是一时的热情。我开始有模有样地临摹，花鸟、山水、人物，无不涉及，一有空就跑去天津的旧书店找画册看，买不起就站着看，一点点琢磨。回到学校我就趁着热乎劲，凭记忆把看到的画下来，有时不吃不喝，也要躲在校美术社的地下室画上几笔。天津画展少，我就省吃俭用，只为能买到车票到北京看画展，几乎把所有生活费都用在了画画上。我从20世纪80年代初自习绘画，后来曾问学于梁崎、王学仲、霍春阳诸师。

Q：你曾经是否有过当画家的理想，现在是否还有这个想法？

老树：我写过书法的专著、写过小说、写过一本建筑史的书，做过六年电影批评，烧过几年陶瓷。我比较迷这些东西，反正逮到什么干什么，无所谓。我也不知道自己以后会不会继续画画，很难讲。我几乎没有认真地设计过我的生活，有时候往前走，看到前面有亮光，走着走着发现是死胡同，再看前面有岔路，就往岔路上拐吧，又走不通了，经常是这样。总有人对我说，要当个专家，你对摄影要是一直研究下去的话，你会怎么怎么样。可是我就觉得，专家只知道一个领域，人要有多样性，想干什么就干什么，自己怎么舒服怎么来，我基本上是这样的。我就是一个老男人，怎么都行，我也不在乎别人怎么看我，有时候都不大在意我自己怎么看我自己。但是不管做什么，我觉得最重要的是，认真生活，对你做的事情要有敬意。人干的每一件事情都不会浪费，

当然这需要一个打通的能力，很多人打不通，也是个问题。

Q：就你的创作习惯来说，通常是先有了诗来构思画面，还是先有了画面再来配诗?

老树：一般都是先画画。碰到一个事儿，觉得好玩儿，就画一张画，然后用相机随便一翻拍发微博上就完了。顺便说一下，翻拍东西挺重要的，为什么有的人翻拍总是一边黑一边亮，就是光不均匀，你把要拍的东西放两个灯管中间，拍出来肯定倍儿均匀。写字比画画还稍微麻烦一点儿，要琢磨琢磨，要尽量往通俗里说，让大家都明白。我是学中文的，容易犯毛病，一写就装，各种修辞、用典，写完之后还得改，改得通俗一些。大学时学唐宋诗词，正好赶上叶嘉莹先生去给我们当老师，她回国后教的第一个班就是我们，所以我也可以说是受过很专业的训练。但是这个过程看似轻松，其实很难，先画图，后配诗，诗比图难，写诗像便秘一样。

Q：你画中的这个长衫人物是从何而来？是否有现实人物作为参照呢？是因为喜欢民国时期的服饰吗？

老树："老树"与民国的相遇，机缘起于"谋生"。1984年大学毕业后，我到中央财经大学教中文。1996年正式做摄影研究之前，先做了六年电影批评。那期间过日子主要靠给人做设计，然后1992年又开始做出版。

1992年到2005年做出版那十几年，我大量的时间就在民国期间的照片里泡着，过眼上百万张照片，对民国就特别有认同感，特别是1927年到1936年。比如在这之前我了解的画就到明代，明末清初八大山人、石涛这些都很好。但到了清中叶以后，就不行了，那个画有种腐朽气，一股死气。但到民国初年，一下子有很多留学的士人回来，把欧洲的气息带过来，东西这么一交融，一下子就让你感觉不一样了，他

们保持着中国传统很温良的那一面，又有很清新的一面。所以我用一个词来概括就是“清新健朗”，它很有元气，是一种重新获得生命力的感觉。记得那时做《旧中国大博览》，1500 页，6000 多张照片，内容是 1900 年到 1949 年，几乎没有我们没翻到的照片，花费了一年半的时间才基本完成。我们在外语学院五楼租了个房子，光着个膀子每天泡在里边，有时候吃个饭出去转一圈，再回到屋里，马上又面对满墙的黑白照片。那个时代男性主要的便装就是长衫，女性穿旗袍。我就一直对这种长衫特别有好感。

中国绘画本来就是诗书画一体的

Q：你现在在画什么？为什么会选择这一类型的内容作画？

老树：我个人画画比较随性，一时所见一时所感，有想法了，就画一张。

Q：从 2007 年到今天，已经 10 年有余了，统计过自己画过多少作品吗？你最满意的一幅画是什么？想通过这些作品表达些什么？

老树：我比较满意 2010 年左右画的穿越系列，因为我在画的过程中充分感受到一种自由的、游戏性的，甚至是恶作剧式的快乐。可惜那时候有些技术性问题没有很好地解决，画得不太满意。后来画的一些册页、手卷都还不错，内容比较丰富饱满，叙事性比较强，这可能跟我是学中文的有关。因为是系列小品，控制起来容易一些，画得也比较精良。

Q：你的创作热情似乎一直很高，作品也比较高产，你觉得能保持这么好的创作状态关键是什么原因？对于你目前的这样一种绘画风格，你自己会有觉得画烦了，想要换一种画法的冲动吗?

老树：其实我画的并不多，因为平时很忙，并不是天天都在画。我哪有那么多想法啊，都是周末，有时间了会画一些。从2007年到今天，已经十多年时间了，我大大小小画了三千来张，而且多数是随意拿一张小纸头儿画的小品，能够拿出来展览的比较像样的画作并 不多。

如果一直画同样的东西，当然会有厌烦的时候。其实我也一直在变，让自己尽力保持观看的好奇心。

2007年开始画画时，我主要是画社会新闻内容，比较有嘲讽的意味。2010年左右画了很多穿越的题材，比较好玩儿，主要是解决自己画画的自由度问题，就是怎么

画都可以，藐视现实的逻辑，遵从绘画的逻辑。2013年左右，我画了很多文人趣味比较大的水墨画，后来又开始画彩色的、比较精细一点儿的画，包括花鸟题材的画。最近两年做了不少木刻、陶瓷器具，甚至刻紫砂壶，等等，目前正在画有关河西走廊题材的重彩画。产生这种变化一方面有厌倦固有方式的原因，但更多的是一些新的表达欲望一直在吸引着我往前走，没有太刻意求变求新，这是让我觉得比较好的地方。

Q：有人说你的画不够专业，对于这样的评价你如何看？

老树：有的画家说我所有的东西都在画里，看不懂是你的事，其实这很无知。绘画确实有表达不了的东西，而文字可以补充这个缺陷，以诗配图，一个是视觉传达，一个是观念传达，相得益彰。现在普遍有偏见认为，画不够，字来凑，其实这是因为绘画语言的局限性。中国绘画本来就是诗书画一体的，只要直指人心的就是好画。

Q：在你的诗中可以看出你的焦虑和对世间的种种愤怒与不满，你是想通过诗来发泄现实中自己心中的某种情绪吗？你也经常强调自己作画要体现自由，是觉得现实中有某些东

西禁锢了自己，因而想要在绘画中寻求自由的释放？

老树：我也有焦虑，大家的问题都一样，谁能解决？画画也是一种宣泄，画完后真的有一种放松的愉悦。盖上印章时，先是自己哈哈一乐，然后发上微博，令读者一乐，很开心。

Q：你觉得你画作里这种特别宁静、浪漫的气息也是经过了焦虑洗练的产物吗？画这些画对你个人而言，最大的意义或者说满足感来自什么？

老树：桃花源只是一种向往中的所在，现实却是眼前活生生的存在。心中的缥缈向往与真切的现实处境同时存在于一个人的生活当中，这种纠结如何表达？我的方法可能就是你说的这种，画在视觉上貌似很清静，但文字又打破这种清静，直接将现实的或者当下内心的处境在文字中表达出来。一虚一实，在画面上有一种冲突，甚至撕扯，画面会产生一种特别的张力。画得宁静也好，浪漫也罢，只是因为自己喜欢这种感觉，就像每个人喜欢不同的风景一样，我喜欢这样的风景，只是能让自己在这样一个混乱的时代享受片刻的平静。说我豁达还谈不上，我还没有修炼到那个分儿上，遇到很多事情还是会愤怒纠结。我只是有很强的虚无感，对活着这件事儿很悲观。我曾经用很长的时间来解决这种焦虑，包括长时间拍摄有关死亡的照片，企图想明白这件事儿，结果就是越来越多地感受到世事的无常。在一个无常的甚至虚无的感受状态下画画，别人看这些画时会觉得是一种豁达，其实不然。我非常喜欢的一个画家朱新建，画了许多男女寻欢的画，许多人觉得这些画很热闹，觉得他真是太热爱这个红尘万丈的世俗生活了。我倒觉得正相反，他的画里有一种很大的虚无感，很悲哀、凄凉。

我不是给别人画画，也不负有这个责任和义务

Q：能跟我们谈谈在画和文字两方面，对你影响比较大的是哪些人或作品吗？

老树：丰子恺先生的作品当然好，他的散文和翻译都影响过我。但我的画跟丰先生的画没有什么特别的关系，还是别人说到了这一点，我才留意去看，为此我还特别去杭州看了丰先生的一个《护生画集》作品展览。可能许多朋友看到这个长衫人物跟丰先生画中的人物形象有相似性，便认为我在学习模仿。其实我画中的这个长衫人物是我长时间做民国摄影研究，从照片中化出来的一个形象。我特别喜欢竹久梦二的画，喜欢那种一个世纪前日本的东西文化交织时期，再加上世纪末期的那么一种男人的颓废感。但我知道那是学不来的，因为不在其时，不在其地，没有那样的处境。

对我画画影响比较直接的，一个是朱新建，他让我知道了在画画时如何超越对技巧的执着和焦虑，提笔在手，如入无人之境。另一个是我的一个已经去世的医生朋友韦尔乔，他值夜班时在处方单子上用钢笔画的小画，不可思议的好。他活着的时候，我们曾经在另一个画画的朋友周祁家里聊过

一个通宵，那个晚上天上悬着一轮很大的月亮，月光照耀下的院子里，有一树盛开的海棠花，想起来那幅画面真是美好。他的小画后来广涉基督教的题材，离上帝近些，有神性，却也高远孤寂。我画画时却反过来了，更近世俗的喜怒哀乐。

至于诗文，我个人更喜欢唐以前的古体诗，因为更自然

质朴，有高古气息，也比较自由，没有那么多的格律拘束。前些日子在杭州听一个朋友弹了首古琴曲《神人畅》，真是好，有《击壤歌》的意思。我喜欢的就是这种感觉。当然，以我们今天所处的时代和个人修养，是作不出来这种曲子的。我只是希望用最简单的、没有太多修饰的语言来表达，略微照应一下韵脚，有节奏感，好记，但在趣味上要有点古意。达到这种标准不容易，只能尽力做得好一点儿吧！

Q：你觉得自己的画为什么会迅速地、持续地走红，受到这么多人喜爱和追捧呢？

老树：我做博客很早，但后来不做了，因为不喜欢凑这个热闹。我对博客的定义是，光着屁股满大街跑。有朋友建议我做微博，我就用“老树画画”这个名字开了微博。说到作品受欢迎，可能现代人都活得太累，所以才有很多共鸣。

Q：我们可以看到，你的作品经过一段时间的流行之后，也开始会有一些反面的意见出来，比如说质疑画作题材的局限性，比如说你的作品是所谓“鸡汤”式的小情小调，等等，对此，你怎么看？

老树：我只是个在大学里教书的，研究的方向是影像的语言形态与媒介传播，不是什么专业画家，也不靠这个混日子混圈子。画画对我来说更多时候是自娱自乐，对个人日常的各种焦虑有缓释作用。至于别人怎么说，对我来说不重要。

我不是给别人画画，也不负有这个责任和义务。在画画的过程中，我也会有一些变化，比如题材的变化、造型的变化，等等，但这个变化来自自己的一些自然而起的内在诉求的变化，而不是因为别人说了什么，有些什么反馈意见。人生总会遇到这样那样的问题，总得自己来解决才行。在我这个年纪，能够尽力做好自己的事情，让自己活得松动一点、平静一点，就很不容易了。

Q：你的画作越来越走红之后，会对你的生活、心态包括创作状态产生影响吗?

老树：我没觉得自己红，只是做自己喜欢的事。要说出名，我在摄影领域红多了。生活中，我是一个悲观的完美主义者。我追求完美，但我很悲观，过去那么多伟大理想都没有实现，这让我很沮丧。我只好安慰自己让自己快乐，做自己想做的事情。小画被许多人看到后，就会有不少事情找到你头上，比如希望你提供作品用作媒体发表、图书插图、广告设计、产品合作开发，做展览、出书，等等。这是很自然的事，世间事就是这个样子。要说影响，就是增加了许多的麻烦，要花费不少时间去应对这些事。好在我已经过了别人一说好自己就找不到北的年龄了。从我个人的角度来说，我会有限度地尽力帮助别人做一些事。成人之美总是好事，没有必要装清高。但我还是希望有更多的时间来做自己的事情，包括教学、做影像研究和画画。

Q：我们都知道你的本职工作是教师，越来越多的人认识你、知道你，对你的教学生活有影响吗？学生们会跟你交流你的画或是你的走红吗？当老师的“老树”是一个什么状态？

老树：在学生的眼里，我一直就是个教师，给他们上课，跟他们讨论专业的问题或者他们关心的话题。学生很少会跟我说起画的事，在这些年轻的学生眼里，我本人，包括这些画什么都不是！我觉得特别好！一个刚下课的又高又瘦的男生，顶着一头肮脏的乱发，远远看到他心仪的女生走过，两眼追着移动，放出精光。一个自称“头号吃货”的女生端着两只肥硕的猪肘子，一脸幸福洋溢地走过食堂门前。多么好看，又真实又诚恳！他们都不知道自己有多真实诚恳，我喜欢学生们的这个样子，不迷信任何他们不喜欢不了解的东西。看着他们在校园的大道上昂扬地走过，你就会觉得你什么都不是。

Q：“老树画画”之所以可以在众多同领域自媒体人当中脱颖而出有什么独到之处吗？

老树：我个人觉得，大家看得起我的小画，一个原因可能是，这些画首先是给自己画的，是我的所见所感所思。也就是说，只有为自己画画，这种表达才可能是真诚的。人同此心，别人从这些画里看到自己的样子，才会有同感共鸣。所谓的接地气，无非如此。另一个原因是我对画面处理得比较简单，而且许多画面的处理来源于我做摄影研究多年的经验，和构图方法跟传统国画的图式处理不一样，没有学过画的人看起来就像日常看照片的感觉，没有所谓的专业性障碍。另外，题诗文字比较通俗易懂，可以将观看者带入画面，相互补充。但这只是我个人的理解，也可能说得完全不对。这个话题还得问问大家才好。

Q：你是否会在自己的作品中加入商业元素？

老树："老树"工作室设计开发销售系列的"老树画画"文创产品，我本人一毛钱都拿不到。几个学生自主创业，过来和我提出了请求，问是否能将我的画印在他们的产品上。支持学生创业是大事，我二话没说就答应了，无条件免费独家授权。

蜗牛看西游：写一本不一样的“西游读后感”

自媒体时代一篇错别字连篇的文章，也有可能被“10万+”的人看到。一个小人物，也能掀起舆论高潮。然而创作门槛越低，优秀的作品越受青睐。因为垃圾信息太多了，好作品就弥足珍贵。

变现渠道窄、收益不高，不是推广力度不够，而是内容还不够好。

我创作“蜗牛看西游”就是想通过讲解这些不一样的故事，把人生道理通俗易懂地告诉读者，帮助他们成长。

标题党、鸡汤文盛行，影响了自媒体行业声誉

Q：你从事新闻工作十余载，曾获得过新闻类最高奖——中国新闻奖二等奖。在你看来，传统的媒体人和自媒体人最大的区别在于哪里?

蜗牛：我是 1999 年年初走上新闻道路的，先是当业余记者，后来当正式记者，再后来当报社编辑，从事新闻工作十八载，大大小小的奖拿了几十个。两年前我开始转行搞新媒体，现在新媒体的奖也拿了十多个。

从根本上说，传统媒体人与自媒体人没什么区别。首先，很多自媒体人，特别是不少头部自媒体人，都是从传统媒体转行过来的；其次，虽然新闻传播的载体变了，表现的形式变了，但内容核心始终没变。一名优秀的传统媒体人只要掌握了自媒体写作规律，一定也是一名优秀的自媒体人。同样，一名优秀的自媒体人，熟悉了传统媒体的写法，也会是一名优秀的传统媒体人。

如果要说区别，最大的不同在于，传统媒体人不仅要遵守相关法律法规，还必须遵守单位的若干规定。一句话，每个婆婆都得照顾好情绪，而自媒体人自采自写自发，只要不

违反相关规定，想怎么写就怎么写，更能展现自我和个性。

Q：如何看待当下的创作环境？你觉得当下自媒体人写作是否存在套路？

蜗牛：随着互联网的发展，写作的门槛在不断降低。在1998年之前，自己写的文章要想与更多的读者见面，必须投递给报纸、杂志等传统媒体平台，经过层层把关之后，才有可能发表出来。甚至发表出来的东西，根本不是自己本来想写的东西。而现在，只要写出来，就有多种渠道展示给自己朋友圈以外的人，并且还是原汁原味的。一篇错别字连篇的文章，也有可能被“10万+”的人看到。一个小人物，也能掀起舆论高潮。

但是，能持续创作优秀作品的自媒体人，还是需要有很深的文化功底。创作门槛越低，优秀的作品越受青睐。因为垃圾信息太多了，好作品就弥足珍贵。

随着时代的发展，碎片化阅读成为年轻一代的主流阅读方式。碎片化阅读最大的特点，就是标题决定是否点击，内容决定是否转发，短文章、短视频受青睐。因此，进行自媒体创作，也是有一定“套路”的：打造好标题非常关键，内容上必须抓住热点，写作上要找好角度。读者的习惯在变，创作的形式也必须跟着变。

但是，也有的人本末倒置，不好好打造独特的内容，而是标题上离题万里，内容上猛灌鸡汤，导致标题党、鸡汤文盛行，影响了自媒体行业声誉。

Q：你从什么时候开始在新媒体平台上发表自己的文章？你最初发表的内容多为旅游游记类的文章，在行业内影响也很不错，为何后来改变了文章类型和方向呢？

蜗牛：2015年年初我就开始在微信公众号上发表文章了，以前喜欢散文，也喜欢自驾游，走了不少地方。后来发现游记散文同质化严重，找不到自己独有的风格。并且走的地方再多，毕竟也是有限的，内容上难以持续生产，所以最终决定写一个自己更熟悉的东西，那就是《西游》。

我总结了一下自媒体创作的基本规律，第一，必须能持续生产高质量的内容。比如旅游类的自媒体，如果没有团队，只写自己的所见所闻，很快就会内容重复，令读者生厌取关。而《西游》则不同，里面有很多故事可挖掘，写上几年都没问题。《西游》写完了，还可以写同类的《封神演义》《山海经》等。

第二，内容上必须有独到的见解。通俗地说，就是要有自己的风格，不能人云亦云，或者让人笑，或者让人哭，或者让人学到东西。自媒体创作最忌平庸。我在写《西游》解读之前，已经有很多人在写了，但是他们的文章要么脑洞开得太大，与原著没什么关系，甚至是过度解读，比如说红孩儿是太上老君私生子、观音与孙悟空有血缘关系等；要么专业知识太强，比如从金丹学的角度看《西游》，讲得又过于生涩，让读者理解不了。我在写《西游》时，结合了两者的优点，做到既通俗易懂，又尊重原著，并讲了人人都懂、个个都有用的人生道理。

我更愿意把《西游记》当成几个人如何追求梦想的励志书

Q：蜗牛对于四大名著都颇有一番自己的见解，选择《西游记》是出于什么样的考虑呢？是因为从小就对《西游》有情结吗？

蜗牛：首先，《西游记》在全国乃至全球影响巨大，有着庞大的粉丝群体。最近，我无论走到哪里演讲都深受欢迎，其实不是我受欢迎，而是《西游》深受欢迎。

其次，《西游记》每个层次的人都看得懂，都能找到自己喜欢的东西。比如，小朋友可以看到孙悟空降妖除魔的精彩故事，中年人可以看到佛道相争的暗黑官场，而老年人则可以看到修身养性的诸多细节。

而其他名著很难做到老少皆宜，比如《三国演义》女人难喜欢，《红楼梦》儿童看不懂，《水浒传》也很挑读者。只有《西游记》，不同层次的人都能读得懂。

我也是从小听《西游》故事长大的，所以有很深的《西游》情结。在做自媒体时，首先想到的就是写一本不一样的“西游读后感”。

Q：在你看来《西游记》是本什么样的书?

蜗牛：《西游记》最大的魅力在于老少皆宜。但是，不同的年龄、不同的经历、不同的职业的人读出来的感受是不一样的。一千个人眼里有一千个哈姆雷特，一千个人眼里也有一千个不同的《西游》。

对少年而言，他们读到的是打怪升级的神魔故事，孙悟

空是他们心目中的超级英雄，唐僧是最讨厌的家长似的人物。

对历经职场艰辛的中年人来讲，《西游记》是一本揭露官场职场黑暗的厚黑学，孙悟空就是一枚棋子，佛道之争是全书主线和重点。

但对饱经人生风霜的老年人或过早悟透人生真谛的智者来说，《西游记》其实是一本修心之书，无论孙悟空还是唐僧，他们都在取经过程中，完成了对心性的修炼，达到了佛家所说的“悟空”的境界。

而我现在，更愿意把它当成几个人如何追求梦想的励志书。

Q：你如何形容自己的自媒体账号？自己最大的特点是

什么?

蜗牛:“蜗牛看西游”的主旨是:读《西游》故事,看社会人生。即讲述平时大家没注意到或与影视作品完全不同的原著故事,比如孙悟空其实可以翻出如来佛手掌心,玉帝非常厉害绝不可能被孙悟空打在桌底下,等等;不仅要讲好故事,还结合自己的社会实践,总结一些实在管用的人生哲理。

很多读者看完后评价:“想不到《西游》还可以这样读”“完全颠覆了童年记忆”“感觉以前看了一本假《西游》”……

本人最大的特点是爱较真,不太喜欢脱离原著的胡说八道。始终坚持尊重原著,尊重作者,从原著中来,回到原著中去。

Q:你在创作的过程中是否遇到过瓶颈期,是如何度过的?

蜗牛:肯定会有瓶颈期。刚写的时候,身边朋友碍于面子,给个赞,转发一下,所以阅读量看起来还不错。但过一段时间,他们看习惯了,或者觉得人情也还了,有的就不再转发,阅读量呈现大幅下滑趋势,出现了第一个瓶颈。后来,幸亏有一个大号找上门来说要转载我的文章，这个大号转发之后，又有其他小号来转载，慢慢粉丝越来越多，阅读量也再次上扬，并达到新高。

过了两年，部分读者熟悉了我的写作风格，甚至有了审美疲劳。再加上短视频的冲击，微信公众号阅读量普遍下降，每天增加的粉丝数和取消关注的人数一样多，就出现了第二个瓶颈。针对存在的问题，我在大力改进内容的同时，努力创新形式，比如增加短视频、延展传播渠道、开展线下读书活动等，粉丝数和打开率慢慢又上来了。

以前我的风格是愤世嫉俗，现在更多在洞悉人性、启迪人生上下功夫；以前只找问题发牢骚，现在注重帮助别人解决问题。

Q："蜗牛"的文章读的是西游故事，谈的却是现代人生，你想通过文章向社会大众传递些什么呢？

蜗牛：我们每个人都走在取经的路上，练就七十二般本领，才能笑对八十一难。

取经团队的成员，个个本领超群，但人人都有原罪。他们的取经之旅，也是赎罪之旅。本领最强的孙悟空，也几次打退堂鼓，要唐僧和观音帮他取掉紧箍，回乡下当山大王；意志最坚定的唐僧，在镇海寺时，也要给李世民写辞职信，请他另请高明；猪八戒和沙僧从人生的巅峰，突然跌落谷底，他们多次自暴自弃，准备分行李散伙，但最后都坚持了下来，到达了西天。

这告诉我们，没有谁的人生是一帆风顺的，要想取得成功，必须付出百倍的努力，还要控制自己的欲望和约束自己的行为。人生没有绝对的失败，只有绝对的放弃。有时不是你失败了，而是你放弃了。

我创作“蜗牛看西游”的目的，就是想通过讲解这些不一样的故事，把人生道理通俗易懂地告诉读者，帮助他们成长。

Q：我在网上看到了一系列“蜗牛看西游”的短视频栏目，“蜗牛”是从什么时候开始将内容做成短视频的？对比图文和视频内容，哪种展现形式的点击阅读量更高？哪种类型更适合蜗牛产出的内容类型？

蜗牛：我从 2016 年下半年就开始做短视频了。不同的平台效果不同，在一点资讯平台，图文阅读量更高。在今日头条，短视频似乎要高些。

“蜗牛看西游”的短视频目前还没达到理想状态，下一步，我们将在视频的原创性、生动性上下功夫。

“蜗牛看西游”走的是深度解读路线，相对来说，图文形式更便于表达。不过，综合最近的传播效果来看，如果短视频的观点更集中一些，道理再通俗一些，语言再生动一些，观众还是喜欢看的。

变现渠道窄、收益不高，不是推广力度不够而是内容还不够好

Q：对于如何打造阅读量“100万+”的爆款文有自己的独家心得吗？可以跟我们分享一下吗？可否举例进行分析？

蜗牛：独特的视角、独特的故事、独特的思想更能打动读者，能否引起读者共鸣，是形成爆款文章的先决条件。

比如，在我们的印象当中，妖精都是凶残的、吃人的。但在西游世界里，偏有一名善良的妖怪黄狮精，吃猪羊都要花银子买，小妖穷得连过冬的衣服也没有，便不得不从买猪

羊的钱中克扣钱来买棉衣。如果放在其他妖精身上，早向人类抢劫了。

这名黄狮精从不吃人，不仅他不吃，也要求它手下的妖精不吃人，整个洞府的妖精与人们和谐相处，并相互做生意。可是，因为黄狮精犯了小小的贪念，偷了孙悟空等人的兵器，最后，从不吃人的它被全城人剥皮吃肉。这说明，在西游的世界里，也是人善被人欺，妖善被佛欺。

当我仔细分析了原著中的这个故事后，结合自己到麻风村采访的经历，写了这篇《西游最善良的妖是谁？》，全网总阅读量近千万。

这篇文章之所以火爆，就是因为激发了读者共鸣，引起了他们对黄狮精的同情和自己委屈经历的情感宣泄。

Q：如何保持持续不断的创作激情，同时又能创作出优质文章？观众或者读者的意见是否会影响你的创作？

蜗牛：要把好做法当成习惯，千万不能因为各种理由，自我毁掉养成的好习惯。比如，我给自己定的目标是每晚写三篇稿，每周公众号至少更新一篇深度文章。然而有时候我有应酬，忙了一天回到家中什么都不想写。于是我就强迫自己，再晚再累，都必须打开电脑写三篇文章。我担心放纵自己一天，就有可能放纵自己一周，最后好习惯彻底没了。

人都是有惰性的，不逼一下自己，怎么能激发出潜能？如果不逼一下自己，这两年多也写不出几百万字近两千篇文章。

在保证数量的同时，也必须保证质量。传统媒体还有领导把关，自媒体只能靠自己。如果连自己都不满意的作品，读者肯定不满意，敷衍读者就是敷衍自己。

同时，读者的意见也是一个非常重要的标准，他们满不满意，从留言就能看出来。因此，读者在公众号上的留言，我是每条必回复，读者在各平台的留言，也是每条必看。我经常从读者留言中找到创作灵感，查找自己写作中存在的不足。

Q：在当下的大环境中，更多人看重的是自媒体人的渠道、自媒体人变现的方式，但我们始终坚信，内容才是真正的内核，那么如何才能做好内容？在你看来什么才是好内容最重要的因素？

蜗牛：无论时代怎么变，科技怎么变，阅读方式怎么办，始终是内容为王。古人在竹简上写的《诗经》，今天的人不也在读吗？《西游记》流传几百年，直到今天还拥有庞大粉丝群，这说明，好内容是不分时代的，是永远不过时的。

很多人一开始做自媒体，就急于变现。写了一段时间，看没啥收入或者收入不高，就打退堂鼓了。

其实，好饭不怕晚，好内容不愁没有高回报。我做“蜗牛看西游”，整整半年一分钱的收入都没有，但并没有因此而降低标准和产量，一年之后，苦尽甘来，获得的收益是以前工资的几倍。

什么是好内容？就是引起读者共鸣、帮助读者成长的作品。如果内容不好，别人凭什么去看？凭什么打赏？广告商凭什么跟你合作？所以，变现渠道窄、收益不高，不是因为推广力度不够，而是内容还不够好。

做自媒体仅仅是为了钱和奸商没什么区别

Q：当下内容创作者最容易走入的误区是什么？

蜗牛：粗制滥造骗流量、赚快钱。现在，一些营销号组织一大帮人，天天做的就是洗稿、抄稿和拼稿，不费什么力气，就能得到丰厚的回报。

一些创作者见了眼红，也开始效仿。但是当平台管理变得严格，粉丝熟悉了套路之后，他们就既挣不了钱，也留不下作品。所以，搞这种文化垃圾是自媒体行业的大忌。

做自媒体不赚钱，只能叫自娱自乐。如果仅仅是为了钱，那和奸商没什么区别。

Q："蜗牛看西游"已经发展为行业内极具特色和影响力的 IP，你是否会以现有的 IP 为主孵化更多的 IP 或相关产品呢？

蜗牛：有这个打算。我现在在一家影视公司工作，负责"现代西游"宇宙观的开发，打造了"现代西游三部曲"，就是想把对西游的感受融入到影视作品中，像做自媒体一样，创造出不一样的西游故事。目前，有一部西游的院线电影马上就要开机了，一部五十集的网剧也在紧张筹备中，还有两部网络大电影，也将在今年开机。

同时，作家出版社出版了我的专著《蜗牛看西游：揭秘取经背后的五十个谜团》，目前已在山西太原、晋中，北京东城区图书馆开了新书发布交流会。下一步，还将在成都、昆明、济南、广州等城市相继举办读书分享会。通过影视作品和纸质书的传播，将极大扩大“蜗牛看西游”的品牌影响力。

Q：《蜗牛看西游》图书目前的销售量如何？日后是否会持续出版？

蜗牛：《蜗牛看西游》目前非常火爆，一直处在京东、当当网销售热榜上，第一批即将售完，出版社已决定重印。我计划年底出第二本书，明年出第三本书。

Q：“蜗牛看西游”主要的变现渠道是什么？

蜗牛：目前主要还是流量分成和广告收入，下步将增加影视作品票房分成。

Q：对于正在内容创作的路上及想要踏上这条路的朋友们，你有什么忠告或经验分享吗？

蜗牛：一、坚持创作；二、坚持创作出好作品；三、紧跟时代，求新求变。大目标不正确，小目标很有可能会有偏差，所以眼光一定要放到三年之后，做什么事都必须有前瞻性，包括自媒体。自媒体是变化最大的一种平台和载体，只要一天不学习，一天不努力，就有可能被时代所抛弃。

同道大叔的内容创作之路：网红→ IP → IP 品牌化

不想做 IP 的网红不是一个好网红！

想要脱颖而出，不能只甘心做一个内容创作者，更要让自身变成一个内容输出平台。

从最初的网红，经过一年时间的沉淀，发酵成 IP，再到通过和一线品牌结合，走向一个品牌，实现 IP 品牌化，这就是同道大叔 2017 年的发展路径！

Q：请用一句话来形容自己的自媒体号。

同道大叔：我们是一个真正从线上的网红走向品牌化的 IP。

网红形态必然升级，IP 品牌形态是归宿

Q：你在做同道大叔 IP 之前受到过哪些启发和经验，才有这样的想法？

同道大叔：一个网红的生命周期非常短，你要抓住别人的点，然而这个点很容易被淘汰。比如从最初的写段子，到现在的长文、图文、短视频，这个内容形态一直在变化。但是一个 IP 或者一个品牌，生命周期是相对比较长的，像大众熟知的阿狸都是 10 年以上的品牌了，这也说明网红生意形态本身必须升级。

一个 IP 要想成功，必须有很好的现金流支撑。现在音乐、漫画、小说等领域版权越来越得到重视和保护，同时，知识产权也越来越昂贵，网红向 IP 品牌形态转化的大环境已经形成，IP 的版权价值在提高，能够创造更多现金流。

IP 最痛苦的就是做曝光，做传播是一个巨大的投入。“同道大叔”有很大的流量，本身就能够创造现金流，这样的情况下我们为什么不去沉淀一些东西，不往 IP 品牌形态去转化呢？就像我们刚才讲的，它的必要性在于网红生意形态本身要求升级，它的可行性在于市场和整个大环境的变动。在内

因和外因、必要性和可行性的共同支撑下，我们就做了这样一件事，事实证明我们至少成功了一大半。

Q：为什么会选择做“同道大叔”呢？很多人觉得星座不是一个主流领域。

同道大叔：选择星座领域首先是因为它可以IP化。星座的市场集中度相对高，排他性很强，属于娱乐休闲的内

容，你不需要每天看，每次看又觉得很有意思。它的教育成本很低，你不需要解读星座的概念，大家都知道。即使你给四五十岁的父辈人讲“同道大叔”是什么，你直接跟他聊星座就可以。在自媒体领域，“同道大叔”已经成了星座的标签，提到星座，脑海里首先浮现出的是“同道大叔”和“TD12”的形象。也正是因为教育成本非常低，就给了星座一个品牌化的机会。第二点是，星座是一个很有趣的概念，它是一个文化共同体，是“80后”“90后”“00后”这几代人整体的兴趣爱好，是一个个性化逐渐解放的过程。微博上任何一个说星座的话题都会出现很明显的粉丝聚集，说明它带来的流量本身就十分巨大。

同道大叔和星座等价，是年轻人的文化共同体

Q：像“同道大叔”这样一个IP最吸引你的地方是什么？

同道大叔：它最吸引我的就是有机会把同道大叔和星座做等价。如果同道大叔和星座等价，就能称为文化共同体，

就是一个很伟大的概念。任何做到了这一点的文化产品，都很伟大，这对于美国人来说是星球大战，对中国人来说是金庸。比如，DOTA、LOL 和魔兽世界这三个游戏一定是年轻人的文化共同体，因为它改变了年轻人的生活形态，在他们的记忆里有深深的一笔。即使他们到了 60 岁，如果有一部魔兽电影上映，相信他们一定会看。因为文化共同体不同于那些盛极一时的网络用语，它不是昙花一现的文化现象，而是渗透了一个庞大群体的文化意义。

星座没有瓶颈，但具体的平台和内容形态会有瓶颈

Q："同道大叔"是一个不会遇到瓶颈的 IP 吗？

同道大叔：星座是一个没有瓶颈的东西。因为星座的用户如此之巨大，也许只是中国的用户就不止几个亿，但是关键问题在于具体的表现形式和平台会有瓶颈。比如说微博发展到现在，新增用户的数量在减少，是因为微博的市场集中度就在这儿。所以我们要不停地去"打天下"，不停地尝试各种文化形态，这也就是我一开始就强调"同道大叔"要有多

介质的把控能力的原因。

Q：你在内容创作方面会遇到什么瓶颈吗？是怎么解决的？

同道大叔：星座内容框架已经根深蒂固，只能做修改工作，这是它的瓶颈。星座的体系是现成的，好处是你不用再搭这样一个体系，坏处是你只能去做修饰工作，很难动大框架。横看成岭侧成峰，远近高低各不同！每个人都有自己的认知体系，它会给你提供一个视角。因此，我们在内容创作上秉持的原则就是用独特的视角，娱乐化、轻松化地解读星座。

其次，很多人太纠缠于内容本身，比如，很多自媒体人执着于星座的表面如何，内心如何，私底下如何，甚至加上各种各样的参数，只是让问题变得更复杂了。大多数的用户真正需要了解的是我如何去和这个星座相处，比如男女朋友之间怎么相处？上下级怎么相处？或者在一个具体情境下怎么相处？这是重要的内容，也是我们创作源源不断的动力。

没有一味地迎合，只有适时地转变

Q：你们会不会为了迎合大众的口味，以及现在受众喜欢的某个方向，而偏离你们原本设计的内部轨道?

同道大叔：首先，周围大众或者粉丝，他们的意见和诉求能体现一定的趋势，你肯定是要听取部分的。粉丝意见会有个体差异，有人喜欢图文，有人喜欢鸡汤，但是从概率学和统计学来讲，人群是有方向的，正如潮水一样。我们现在明确观测到他们更喜欢短视频，我们就往短视频方面多走几步，这是一个公司战略的问题，是转变，不是迎合。其次，作为一个中性化的媒体，有自己的观点和态度才是我们能够长盛不衰的原因，因此我们还不会为了迎合受众而偏离我们原本设计的内部轨道。

Q：你的内容形式在不断转变，有图文、视频，你觉得哪一种更适合于 IP？

同道大叔：从用户的注意力和停留时长上，我觉得流媒体有天然的优势，你点开一个视频，无论几分钟的时长，大多数人都会看完。图文的注意力停留时间不稳定，可以略看，也可以逐字逐句地看。在内容表达形式上，两者各有优势。流媒体的特性是能占用你的时间，但它对你注意力的集中和渗透力不够。我们可以一边看电视一边干别的事，很多时候甚至不知道看了什么。图文对心智有较大的渗透力，因为注意力强。这也是为什么在原生广告里面，文字的原生广告一定是最贵的。

在这样的情况下，我们必须寻找一个折中。流媒体我们应该会去做的，我们会慢慢去尝试新出现的各种平台形式，因为这是新时代的发展方向，用于抓住受众注意力。同时我们也要兼顾图文的形态，完成渗透率的需求。

Q：贵公司整体运营是什么样子的，怎样进行工业化生产?

同道大叔：我们公司的内容形态主要分两个，第一个是我们的图文，其实这是非常复杂的，因为每个平台都不一样，都是不同的团队在运作。微博是一个非常快的平台，微博团队必须有人跟热点，有人做素材，有人做内容支撑。我们每天都要开个会，研究今天要跟什么点，据此做内容小组划分。决定以短视频、段子或图文的形式来做之后，后边整个团队都会去支援这个事。微信的图文灵活性和随机性没有微博那么强，微信更注重的是传播性。其实图文某种意义上相当于过去的漫画，它是每天定时定点推送的，内容基本都是按照我们的规划来的。我们还是栏目承包制，有严密的结构。比如微信栏目，不同栏目有不同团队来做，里面有竞争和迭代，哪个栏目内容更优质，就会继续创新，反之就会被取代。

Q：你会根据同样已有的一个 IP 和公司以后的发展战略优化，再孵化其他类似或者其他有个性的 IP 吗?

同道大叔：我们研究面对的最大的结构性机会就是平台化机会。平台化机会包括两类，一类是自己去孵化，我们也在做分裂账号的孵化工作。“同道大叔”是一个集合账号，但很多粉丝是有部分差异存在的，比如说这个人是白羊座，他只关心白羊座，或者因为朋友是处女座，他才会关心处女座，这是社交动因。我们现在将账号进行细分，以对应不同的人群。这就是同类孵化，我们还做异类孵化，比如现在做情感公众号等。另一类是授权孵化。“同道”这样的企业是有足够的资格去市面上与中部、头部企业进行深度战略合作的，这才是我们今年的一个重点。“同道大叔”从营收角度来说是一个真正的 IP，我们的授权收入和电商收入能突破几千万。举个例子，有一千万粉丝的账号有很多，但他们没有意识去孵化，只能依赖广告赢利。我们愿意提供一体化解决方案，他们把账号签给我们，内容他们自己维护，微博商业利益都是他们的，但是我们帮他们做品牌化和 IP 化，这样的话我们会变成一个平台服务者，才能把生意做得很大。

我们现在面临这样的问题：供应链很多，有 800 个供应商，但是不一定适合每个人。比如“同道大叔”和优衣库合作听起来是般配的，但是跟路易威登合作听起来就觉得很勉强，因为每个品牌 IP 有自己的调性。调性的高低并不是对它好坏的判断标准，有些品牌天生做高端，比如爱马仕，有些品牌天生做中低端，谁更成功？很难评判。未来 IP 的发展趋势一定都是平台化，也要求我们在找合作方时，要非常精准地定位自己和他们之间的平衡点，有不同梯队去满足和服务各种商务需求。

授权是最主要的变现渠道

Q："同道"的变现不仅仅是靠广告，还有其他的渠道，包括生产一些周边产品等，这是你未来发展变现最主要的渠道吗?

同道大叔：IP 公司最主要的变现渠道一定来自授权，也是我们未来主要的收入渠道。授权就像做产品，一种是自己做，一种是授权别人做。它跟所有的文化产品一样，有超级明星效应，也称头部效应，当你在一个垂类里吃透才具有跟明星一样的咖位。同道大叔在星座领域是头部，甚至是绝对头部，这样才有可能做授权生意，因为这个市场 80% 的钱都集中在头部。主流的做法像迪士尼在国内的做法，都是授权给别人的方式盈利。迪士尼有一个最大的授权商，每年都是去拿各家公司的授权，买漫威的，买 DC 的等，然后装在一起，在全世界找生产商，找渠道去卖。还有一些是形象授权，像 Hello Kitty，自己并没有特别多的产品，但产品线可能有几百个，它跟路易威登有合作，也跟施华洛世奇有合作。所以这么一个广阔的体系不是一个公司能搭建的，必须在每个行业寻找最优秀的合作伙伴来共同维系。

Q：变现的方式有可能来自线下实体店吗?

同道大叔：线下实体店我们有自己的“同道咖啡馆”，但是这种模式有待升级。首先，每家店都是几百万的成本，我们需要招经营人员和管理团队，耗时耗力，收益也不确定。此外，我们销售咖啡，面临的对手是星巴克、Costa。作为咖啡界的大咖，它们的地位不是那么容易动摇的。所以今年我们想要尝试跟星巴克或者任何一个品牌合作，规模品牌都有了，也会有更多的流量和渠道，所以我们的实体店会升级。我们通过加盟、授权，迅速打开这个市场，而不是自己单干。所以还是那句话，一个 IP 品牌融资最终都要靠授权。

融资是可以的，但是要懂得合理支配

Q：你的成功跟你自己有强大资金流有很强的关系，请问你是如何管理资金流的?

同道大叔：第一点是，我们有很好的现金流管控，包括我们的业务协调，轻重并举，广告、授权等，我们在资本节奏上做得也比较好。我对融资是这么判断的，融资并不是越多越好。我们说第一轮融资，你可以做到 20 亿、30 亿，但是你的路一定要想清楚。举一个例子，如果“同道大叔”上一轮估值 20 亿的话，20 亿融进来也不过是两个亿，一家公司在中国 A 股上市第一天大概是 40 亿，一年后涨到 80 亿～ 100 亿，上市了最终形态大家才能赚回这点钱。第一轮就做了 20 亿，下一轮是 60 亿那就很难投了。除非你的商业模式足够厉害，像小米这样的，足以撑得起这个估值，因为它不是一般的公司，它是只要上市就会有万亿市值的公司。

第二点是，你要花多少钱在心里一定要有本账。作为一个公司，对员工真正负责任不是说员工过得很开心，而是要保证这个公司健康成长，使员工有健康的管理梯队，能够晋升和成长。我们公司的薪资调整非常谨慎，会根据他们的成绩呈梯式增长，保证员工薪酬每年都有增长，这就考虑了公司的稳定性。人的欲望是无穷的，要有可持续发展的规划。如果没有规划，随意进行业务和收益的分发，会破坏这个市场和薪资结构。明明今年比去年做得更好，收入却比去年少了，这是为什么？员工不会考虑成本高利润低的问题，也不会深度思考竞争激烈的现状，最在乎的是自己的收入。所以很多自媒体的瓶颈在于管理和公司结构化，融资这个事可以去融的，这个没有问题，但是应搞清楚钱融进来之后，怎么花是合理的，能花多久，你一定要盘算清楚。

新方式和新的商业模式给了自媒体人成功的机会

Q：你觉得这个时代给你们这些做自媒体的创造了哪些收获？你最大的收益是什么？

同道大叔：作为一个创作者来说，我觉得这个时代给了很多创作者真正的好机遇。过去大家都说我们的才华有变化，我觉得没有。十年前他拿两千块钱工资，十年后的他挣一个亿，是时代给了他机会，是新方式和新的商业模式给了他机会，而不是人变得如何了。

很多人都对我们不理解，认为一个清华毕业生搞金融，再搞星座，是挺不靠谱的。然而今天的市场需求是这样的，可能真正能成功商业化的，或者能做一些事情的就是星座，就是情感，就是原创内容。时代会往前走的，如果没有我们这一拨人，这个市场是不会起来的。但是我们只是打开了这个市场，具体的提高和扩展终究是由未来的人完成的，我相信在以后的时代，文章功底强、有才华、有观点的人都能够赚到钱。有一句台词说实现理想的方式有两种，一种是我实现了理想，一种是理想通过我实现了。我们希望未来有才华有观点的人能够赚钱，包括书生、投资人和文艺工作者。对我来说这是我们的理想，我们帮未来的人打开市场这条路，这个理想最终通过他们来实现。

Q：在这个高度信息化的时代，会淘汰哪些人?

同道大叔：标题党会被淘汰。海量信息时代，用户对信息的要求较强，对标题党反感程度非常高。以前是靠标题引流，追求点击，现在是强调注意力，追求资金转化。广告商不会在内容质量差的平台投放广告，标题党可以刺激用户点击，但是用户看两行字就会离开，不存在转化，这样的文章、公司肯定会被淘汰。此外，单一的广告模式也会被淘汰。广告市场规模庞大，并慢慢增长。此消彼长之下，广告这张大饼会越摊越薄，单一形态的广告模式会慢慢消亡，未来是集团作战时代，不是散兵游勇的时代。未来这个集团军有几个层面？第一层，可以从才华碾压一切，这样的时代永远都有。

去年的市场除了头部集团在，也有很多新的内容创作者迅速崛起。第二层，是高度组织化，这必然战胜那些不够组织化的人。一句话就是规范，这个行业由不规范走向规范，所有的不规范都会被迭代。

我看好知识付费，但不看好封闭粉丝做知识付费，这是在消耗粉丝

Q：你觉得现在的创作者最好的变现方式是什么？你看好知识付费吗？

同道大叔：内容创作者是一个很大的范畴，最好的变现方式一定是版权。但是很多创作者是没有版权的，我可以坦率地说，我看好知识付费，但是不看好现在去做。

知识付费是直接向关注你、喜欢你的人推广内容，收取费用，这是有一定风险的，如果不是非常认可你的忠实粉丝，就容易出现问题。广告、授权都不会向粉丝收钱，而是品牌主通过其他形式的投入来带动自身的销量、口碑，让粉丝自发地去消费，这种转化的消费和直接的用户知识付费有本质

上的差别。

从体量上说，自媒体的流量是一定的，如果粉丝基数不增加或者增加缓慢，就是在无尽地消耗你的粉丝，分化粉丝群体。如果靠知识付费挣钱，就会比较难操作。因为无论策划何种活动，如果要求付费，就有可能消耗他们，甚至是分化粉丝。“同道大叔”的输出比较柔和，也没有做知识付费的板块，所以我们的粉丝也非常柔和，相对来说极端的粉丝会非常少，但如果我们现在就开始做知识付费，结果就不一定了。

粉丝的喜好不同，有人喜欢世界观，有人喜欢方法论，如果你永远只能写鸡汤，只能消耗固定的粉丝，未来发展肯定会出问题的。

而且知识付费的内在驱动是很重要的，很多知识付费产品提供的是认知，是世界观，为世界观买单这个事情是有一个瓶颈的，因为人可能只在一个周期内愿意为认知去付费。比如，我不懂房地产怎么回事，就去了解一下，这是我的认知和世界观。真正高频付费的产品可能是蓝翔学校和新东方英语，这些东西叫作技能，这是真正的、核心的知识付费，那个才是能有更多商业化可能的。认知付费就是兴趣爱好，是一个浅度的好奇，方法论好奇才是根本的好奇。方法论会告诉你履历应该这样改，告诉你这个问题你要怎么答。国考面试培训叫方法论，而不是笼统地说你要勇敢，你要说出你的想法。所以“同道大叔”现阶段不适合知识付费，也不看好封闭粉丝做知识付费。

从长远来看，知识付费是一种趋势，我们希望未来能有“同道”的方法论出现，也希望未来能有平台的支撑。平台化更容易集中，知识付费的推广会更容易，也会有更多的可能性，所以本质上，我觉得自媒体变现的方式就是实现平台化。

Q：有办法把“同道大叔”签作者跟它本身做区分化吗?

同道大叔：没有办法做区分化。如果做区分化没有办法去孵化他，只有在同领域或同标签下才能带量，如果我跟你是完全不同的人，是不能互相带量的。“同道大叔”和二更视频会有矛盾吗？不会有的，因为“同道”的标签是星座，而二更视频的标签则更偏向于短视频，所以，与“同道大叔”会产生矛盾点的是标签同为星座的体系内的其他内容。一个标签化体系内的可以带量，但是你最终量也只是内部流量。

粉丝从数据上来看增长了，但是从本质上，只是我关注了你，或者我关注了你和它，看起来变成了 2，其实还是 1。

Q：其他的渠道呢？现在一些自媒体，想急于变现的自媒体有什么好的方式？

同道大叔：自媒体市场在过去两年间是不理智的，我们

管它叫红利期，或者叫风口期，用我们的话就是不理智的市场，他们其实打破了一些行业的规则。做传统媒体的人都很清楚刊例的定价，以前的刊例有多少发行量，多少人看，都是有数据回馈的。现在的数据有些夸张，过去这段时间，新兴领域的商业化过于容易，以至大家有一种错觉，钱一直可以这么赚。现在风口期逐渐过去，大潮过去之后留下了许多的问题，从公司角度出发，你要想的就是如何去把这个商业化做长远了。

这又回到为什么“同道大叔”做授权的问题上，因为产品授权是最实在的地方。人家拿了你的授权，卖了多少产品，

心里是有数的。广告可以是一次简单的合作。因为广告主多，但是品牌主是没有那么多的，每个行业就只有几个相对头部的、优质的，如果是合作效果非常差，那么也相当于失去了一些领域的可能性。所以回归核心，做授权才是长远的变现方法。

写作冲动≠写作才能，保持个性的同时认清自己的边界

Q：请你给那些即将走向自媒体行业，或仍在自媒体行业中努力奋斗的人一些寄语。

同道大叔：自媒体行业门槛很低，人人都是自媒体！但是不要单纯地以为自己能写就可以，还要会写，越是门槛低的领域竞争越残酷，所以不要把写作的冲动当作写作的才华。其次，既然已经成为一个自媒体人了，就要有自己的鲜明个性，不随波逐流。在自媒体人泛滥的时代，只有文章风格鲜明才能让用户记住。所以你要创新，要在内容上体现自己的特质和个性。最后，你一定要认清自己的边界，明确自己的承受力！如果你的努力能换来等值的收益，你可以多多努力。

如果你的十分努力只能获得一分收益，说明你的边界到了，专心做好现有的领域就好，让自己的边界和能力刚好一致，这才是最大的幸福！

最后也期待未来的“同道”会更好，我们一直不忘初心，坚持我们在做的事情，也希望大家能继续支持“同道大叔”，感谢大家！

末那大叔：喜怒哀乐爱恶欲七种情绪，总有一个能戳中你

在内容创业中，敏锐、学习、坚持很重要。没人能保证自己创作的东西永远会被人喜欢，爆款也不是做公众号的思维。做自媒体就像开一家店：装修好比文章的标题，菜品相当于内容，客服就相当于餐厅的服务。

创业有三个关键词：魄力、财力、能力，只要有两样就可以尝试。我们有句品牌标语（slogan）：选择比努力重要，头脑比才华重要，在一起比什么都重要。

在内容创业中，敏锐、学习、坚持很重要。

原始创业团队要相互信任，并且通过内部孵化，培养出自己品牌独有风格的团队。

我靠的不是爆款，而是十年如一日和用户的交心

Q：网友评价你是“明明可以靠颜值，却偏要拼才华”的斜杠青年，你个人如何看待这一标签化的评价？是否给自己做过标签化的定位？

末那大叔：首先，颜值不能当饭吃。对我而言，标签是什么不重要，重要的是自己不被太多的标签所束缚和迷失，并且清楚自己要做的是什么。

Q：作为一名餐饮品牌创始人，你当初为何会选择情感这个领域，做情感自媒体人呢？

末那大叔：人类有三大刚需：食物、空气和情感。空气不需要我们提供，但食物和情感是分不开的，我们已经满足了他们食物上的需求，下一步要满足的就是他们内心的情感，满足他们三大刚需中的两项。

Q：听说你爱做“生意人”，经商是你从小的向往？餐饮行业的经历，对于自媒体创作有哪些帮助？

末那大叔：用开店的思维去维护粉丝来做自媒体，是一

个比较畅通的道路。其实我经商已经有将近二十年了，餐饮和自媒体的产品思维和服务思维都是一致的。做自媒体就像开一家店：装修好比文章的标题，菜品相当于内容，客服就相当于餐厅的服务。每一个环节都要事无巨细地去做好。

Q：你觉得内容创业中有什么诀窍呢？如何持久生产爆款？

末那大叔：我现在每篇头条文章的阅读量在二十万到三十万，日活跃用户数量（DAU）是八十万到一百万。在内容创业中，敏锐、学习、坚持很重要。没人能保证自己创作的东西永远会被人喜欢，而且爆款也不是做公众号的思维。可以选择热点做爆款，但是不能为了流量做爆款，也不能为了爆款而让自己的内容偏离了自己的价值观。如果创作的内容违背了自己的初心，这个爆款也是没有意义的。末那大叔做到现在，靠的不是爆款，而是十年如一日和用户交心做出来的。一个公众号的健康不是靠爆文的出产，而是平日的稳健输出。

Q："末那大叔"的文章特别细腻，是否和你的性格和感情经历有关?

末那大叔：我们的思路就是喜怒哀乐爱恶欲，这七种情绪总有一个能戳中你。我的文章不犀利，但是会有态度，有情绪。我认为什么都可以不变，唯有人的情绪，是一直在变化的。每个人的性格和感情经历都不同，所以每个人看到文章的感觉也会不同。一个人同一时刻只能存在一种情绪，某个时刻一个人看到我们的文章和他的情绪相契合，他就会不自觉地把自己代入文章中。所以有人会说"大叔"很懂我，懂，就是一个情绪点。而自己的阅历和经历可以帮助我打磨内容，更好地把握方向。

Q：每晚9点，你都会推送一篇“走心文章”，为什么选择这个时间点？

末那大叔：我们的文章是情绪类文章，晚上9点，正是人们休息的时候，这个时候的人没有太多干扰，整个人处于一种比较放空的状态，感情需求也会比较充沛。而且需要一个懂自己的人或者文章来给自己希望，帮他梳理、抚平一天的情绪，来满足他情感需求。而且不管对谁来说，坚持做一件事，会给人一种仪式感，慢慢地也会习惯于做这件事。

每一次的内容创作都是在不断地否定自己的过程

Q：“末那大叔”在内容形式上做了大胆创新，每篇都是“电台＋文字＋评论”，每天选题是如何敲定制作的？内容创作上会有什么瓶颈吗？

末那大叔：选题是基础。我们团队有选题、数据分析、客服、编辑、策划、商务、设计、校对这八个部门。

选题：一、从文章留言中找；二、和时下热点结合。

我们有个特别采访小组，她们会根据文章的需要，采访一些特定的粉丝，比如对比采访、跟踪采访等，从他们身上获得最真实的故事、最真实的情绪，用于文章或者选题。采访到的故事都是最真实的，这些故事无论作为素材还是选题，都有很大的感染力。

另外，客服和数据分析团队全面细分所有留言，比如失恋，吵架，都能细分出不同心情、场景、缘由等，对于一些引人遐想的一句简单的话，团队也会进行深层次挖掘，引导粉丝说出自己的故事。我们的客服团队不仅仅只是总结留言，很多选题也都是他们在只言片语中挖掘出来的。

最后就是每天开会，把选出的比较合适的选题进行进一步的讨论筛选，确定最终选题。

Q：你和团队会认真回复粉丝的每一条留言。作为有 300 万粉丝的账号，每天都会收到很多留言吧？现在还会回复吗？回复评论会给你带来什么影响吗？

末那大叔：我一直都会回复留言消息，平常会有上千条，爆文的时候会有上万条。我们推广的时候有一句口号：所有公众号里面唯一一个会和你说话的公众号，用户在那么多公众号中选择我们，也花费了时间来阅读留言，对此我们也应该做出回应。用户不仅仅是粉丝，也是朋友，他们对我们抱有极大的信任和依赖，我们也要用对待朋友的方式来对待他们，因为朋友不会去怪你，只会无条件地支持你。

Q：近一年的内容创业中，你觉得自己最大的收获是什么？最大的改变又是什么？

末那大叔：作为一个自媒体人，每天都在和用户、数据、信息流打交道，所以我最大的改变是学会了处理信息的能力，一个人处理信息的能力决定他能走多远。每一次的内容创作都是在不断地否定自己的过程，但在量变引起质变的时候，就会发现自己完成了蜕变。当输入小于输出的时候，用户就会产生审美疲劳，所以每次要打破自己原有的意识形态，拓宽自己的知识边界，等到不断否定自己到一定程度的时候就会形成蜕变，这时内容质量也会有一次飞跃。

Q：团队平时的工作状态是怎样的？在员工管理方面，你有什么经验吗？

末那大叔：一、知人心，懂人性，并且要能带动大家的积极性。公司要有制度，但是不能墨守成规，不能为了制度而打击大家的积极性。二、原始创业团队要相互信任，并且通过内部孵化，培养出自己品牌独有风格的团队。公司有完善的人才培养体系，根基才会深厚。忽视人才培养，公司的凝聚力会弱很多。在我们的团队中，超过 90% 的人是通过我们自己的体系培养起来的，每个人都与公司文化相契合，发展目标也和公司一致。在公司里，价值观是最重要的，其次是专业和拼劲。

Q：你的账号变现的方式是什么？未来有什么商业化运营方式吗？长远发展规划是什么？

末那大叔：过去一个月里，我们服务了 70 个广告客户，广告流水达数百万。2018 年 5 月中旬，我们与欧派联合天仪研究院定制了一颗爱情卫星收录表白，将发射升空。

“末那大叔”是有真人 IP 的，未来所有的盈利模式和产生的影响力都是基于我自己，对粉丝来说，他们不仅在看我们这个公众号的文章，更是在透过这些文章与我进行直接的朋友间的对话。这是“末那大叔”和其他平台最大的不同。

我们团队现在有三个号，电影是我们在影视界拓展的窗口，过去一段时间曾和《前任 3》《复仇者联盟 3》《唐人街探案 2》《后来的我们》等合作，且取得了一定宣传效果，特别是《后来的我们》，单篇阅读量已经超过千万。我们也帮助很

多艺人提升她们在自媒体中的影响力。“她淘”是美妆自媒体，我们的粉丝 70% 是女性，她们对美妆穿搭的需求旺盛，也有很强大的购买欲和购买力。“她淘”就是为了满足她们的需求而出现的。

基于现在的用户和她们对我的信任，未来我们会做自己独立的美妆品牌。让越来越多的恋人和家庭更幸福，是“末那大叔”成立的初衷，不管何时，我们的目标一直都是如此。

Q：你看好知识付费吗？以后是否会往这个方向发展？

末那大叔：不管什么，适合自己的就是最好的，目前知识付费已经列入我们的发展体系中。

Q：现在短视频异军突起，分走了不少流量，你觉得在这种形式下公众号应该怎样留住用户呢？

末那大叔：1. 如果把腾讯生态比作高考，公众号只是其中的一个科目，短视频就是新增的一科考试科目。而且现在短视频用户激增，如果不做这门课，自己平台的竞争力势必会大大降低，所以这是自媒体必须进入的赛道。2. 瓜分流量是相互的，所以不能说短视频瓜分公众号的流量，等公众号真正进入短视频的时候，一定会给公众号本身带来流量，这是相辅相成的。3. 用户留存有两点：优质内容和强大的客服团队维护。

魄力、财力、能力，只要有两样就可以尝试创业

Q："末那大叔说电影"是你矩阵的一个尝试，运营情况如何？

末那大叔："电影"是 2017 年年底我和投资人视觉志沙总一起运营的一个新的公众号。两个季度左右的时间，粉丝

增加了近 70 万，预计第三季度能破 100 万。公众号的运营情况如下：1. 我们写过的影评文都获得了很高的认可。比如《乘风破浪》《从你的全世界路过》《血战钢锯岭》等影评大受欢迎，“大叔”也被誉为中国最会写情感电影的自媒体人。2. 我们累积的个人微信号有近 30 个，有 2000 多家合作转载平台，多数涵盖全国 500 强，有强大的运营基础。3. 我在电影圈的资源和朋友比较多，从欢乐喜剧人团队，到《后来的我们》导演组，再到老乡影帝黄渤等都曾相约合作。4.“末那大叔说电影”公众号班底，从主编到运营是有运营过千万级大号经验的团队领导者。

Q：你觉得自媒体时代给你带来最大的收益是什么？

末那大叔：对于每个平台来讲，每一个个体都有异军突起的可能性，每一个自媒体人的成功背后都有上百万人的支持。水能载舟，亦能覆舟，一旦自己的态度和言论有了价值观上的问题，那么这么多人也可以让你万劫不复。所以我们在做自媒体时，永远本着不忘初心的态度来对待内容和用户。

Q：“末那大叔”的很多粉丝来自用户裂变，粉丝反馈都很好，你是怎么做到的？除了靠内容留住粉丝，你还有什么方法保持粉丝的高黏性？

末那大叔：我们有很强大的客服团队，“末那大叔”中每条被精选的留言都会有客服认真地回复，不被精选的留言也会有 96% 以上的回复率，除此之外，我们有将近三十个与粉丝互动的个人微信号，每一个微信号都会有人打理，确保每天都会和粉丝有互动。

Q：对于正在内容创作的路上和想要踏上这条路的朋友们有什么经验上的分享吗？

末那大叔：创业有三个关键词：魄力、财力、能力，只要有两样就可以尝试。我们有句品牌标语：选择比努力重要，头脑比才华重要，在一起比什么都重要。也就是说，要选择有潜力的行业、要在合适的时机做出正确的决定，团队间要相互信任并且要有凝聚力。行业、同行随时都会发生变化，但自己的创业团队始终都不能变。

冒险雷探长：一个带着导演思维出发的冒险家

我是一个带着导演思维出发的冒险家。

我想给大家介绍这个世界多美好，而不是像有些自媒体创作者昙花一现地告诉大家“我来过这儿”。

做自媒体最重要的就是身体好、有创意，而自媒体最大的优势就在于不会受到摄像机和蒙太奇的制约。

不要羡慕过得比你精彩的人，他们并不比你优秀

Q：怎么样形容自己？

雷探长：我是一个带着导演思维出发的冒险家。很多人

都说我就是个旅游的人，但对于我们自媒体来说，首先你能够呈现出视频来，你就是一个导演了，所以我一直觉得我是一个伟大的导演（冒险家）。

Q：很多旁观者质疑自媒体人拍摄的东西没有技术含量，当有人质疑你时你如何反驳？

雷探长：解释多了反而会让大家觉得很辛苦、很累，所以我们往往把很多压力留在内心，把最好的片子给大家看。对我们来说是保存下来了比较珍贵的东西，同时也是为了让大家开心。

Q：很多人到了你这个年龄都会选择结婚创建家庭，而你却是辞去了工作开始环游世界去冒险，是出于什么考虑呢？

雷探长：我是一个有抱负的人。我生于普通家庭，父母都是工人阶级，我也并非富二代。但我从小就有改变世界的梦想，这话说起来很大，但一点都不奇怪。我是艺术生，大学毕业后就留在了上海，1998 年我开始给别人拍舞台上的东西，比如逢年过节给人排节目，节目当中服装租赁里面有很大的利润空间，于是我就承包了服装租赁，渐渐地自己开始做服装。很多人说你是不是设计好让别人做，我说，错，我自己缝，因为我是一个完美主义者。我买来两个缝纫机，一周要缝 12 套。有人说做印度服装就是露个肚皮，其实不是的，古印度服饰裙子褶子特别多，需要把褶子一个一个地烫出来，烫得手都起泡了。还有一次夜里太累了眼睛花了，缝纫机的针直接扎到我的手上，鲜血直流。但为了能做完，我把手指头用卫生纸给包住，继续去缝。还记得我当时排舞蹈只排一个风格，就是世界各地的风情节目，我本质上就有点喜欢这些东西，作为文化传递者，我希望把很多东西传递给大家。这些也奠定了我现在能够连绵不断地生产节目的决心和定性。我骨子里很想给大家介绍这个世界多美好，而不是像有些自媒体创作者昙花

一现地告诉大家“我来过这儿”。

记得刚开始做节目的时候，很多人带着酸溜溜的口气说：“你肯定做不成。”听到最大的打击是：“你拍这个干什么？”我说：“我就是拍完留个纪念也不行吗？人家婚礼录像还留个纪念呢！”甚至有人讽刺我说：“拍这个别人给你多少万，有一百万吗？”这个话明显带有讽刺：就你这个东西有人投资吗？我就带着这些压力继续做，所以我的出发点并不是为了钱，完全是为了跟大家分享。我经常给那些创业的人说：不要羡慕那些过得比你精彩的人，他们并不是比你优秀，他们只是在自己的人生当中敢于追求，并且坚持不放弃、不将就。

做自媒体最重要的就是身体好、有创意

Q：你会如何挑选自己的合作伙伴？

雷探长：第一，喜欢旅游不是我选择合作伙伴的首选理由和关键，最关键的是这个人的体格要好，需要有耐心，抗压能力要强，可以持续不断地产出优质内容。第二，要相信你的公司或者你做的这个行业。我一直认为这个行业只要你

有连绵不断的创意，你的节目只会一直好下去。

Q：你刚刚也说有的人会不断地自省，那你从当初开始转行做这个的时候，是否怀疑过自己？

雷探长：曾经有过。第一是家里不是很支持，第二就是别人的冷嘲热讽。当时很多电视台、做传媒的专业人士都说我不行。电视台的人说：“你不知道一个戏剧的节奏。”学传媒的人说：“你这个能赚钱吗？”学编导的人会说：“你知道什么叫矛盾，什么叫蒙太奇吗？”说了好多他认为特别专业的词，给我很大的压力。我问自己：“我什么时候才能做得像电影画面那么美呢？”但现在回头看，我发现我早期的很多片子并不受摄像机或蒙太奇的制约，这是自媒体的一大特点，它更多的是源自创作者内心的心气儿、活力和创意。

Q：雷探长小时候是个很听话的孩子，做任何事情都会有自己的安全区。离开原来的工作，放弃原有的人脉，投入到一个新的环境，需要很大的魄力，是什么给你这么大的胆子敢于去尝试？你是否后悔当初的选择？

雷探长：不后悔。人在自己工作和学习的过程中，会慢

慢找到自己是谁，就像你说的一样，我只是换了一种方式做一个传递世界文化的使者。

做自媒体的时候我已经超过 30 岁了，很多年轻人会特别惊奇，但是我想改变自己的生活，改变自己的命运。我这一代人赶上了好时机，又没赶上好时机。大学毕业的时候，我们只能选择以传统行业为主的工作，网络并不普及，因此我走过很多弯路，这些弯路既是一个教训也是我内心的一种伤痛。直到 2013 年的时候，我听到“自媒体”三个字，眼前一亮：我不需要电视台，自己也可以成立一个节目，于是我就成了最早以旅游节目来吃螃蟹的人。年龄大的好处是什么?就是你吃过闭门羹，走过弯路，也走过死胡同，原来你其实最擅长、最能做的反而是属于你的那条路，这点比起年轻人来我要更成熟，走得更踏实。雷探长做的事情未必比年轻人少。我们一直在做，一直在拍节目，春节人家都过年，阖家团聚，而我却在大年三十前两天飞到国外去补拍一段视频。我们每集拍摄工程都很庞大，比如阿富汗那一集，就是想向观众介绍全世界最神秘的国家。阿富汗妇女现在从头蒙到脚的那个叫布尔卡，但五十年前的阿富汗不是这样的，五十年前阿富汗的女人是可以穿超短裙的，为了重现那个过程，我找来了演员演绎并拍摄了这段历史的演变过程。我们的节目带有知识性、趣味性，已经超越了大家所想象的旅游节目。我们很珍惜我们冒着生命危险拍的这些素材。

Q：小时候可能不确定自己的梦想是什么，那现在你已经很成熟了，借用汪峰老师的一句话，你的梦想是什么?

雷探长：我的梦想就是以我的眼睛代替观众的视野，看更广阔的世界。

无论怎么拍都要尊重对方，认可对方的文明

Q：为什么把自己定位为“探长”？

雷探长：我做的很多事情都是业界吃螃蟹的第一人。用第一视角来给大家呈现我所想表达的内容并一直延续这个风格，我已经做到一个小分队领头的人物了，而“探长”更深层的含义，就是拓宽性，去做一些其他人没做过的东西。

Q：有没有碰到过特别恐怖的事情？

雷探长：在巴黎的地下墓室，里面有六百万具人骨堆成的长城。当年患有黑死病、鼠疫等瘟疫的人都埋在这里，这些尸骨都是几百年前中世纪留存下来的。我进去的时候已经是晚上的五六点了，他们要下班了，门要关了，里面的工作人员慢慢都往上走了，我以为工作人员会等我，结果都走光了。那个过道

只有1米宽，里面全是像柴火一样堆放的满满的骨头，墓室里又很黑，找不到路，我就跑跑跑，结果摔了一跤，嘴里吸到一大口扬起来的骨灰，吓得我连滚带爬就出来了。回到家翻看录像回放的时候，我发现在我摔倒的前几秒钟，在我身后站着一个人，卷头发，大冬天穿着一件白色T恤，很冷漠地目送着我出去，真的是件很神奇的事儿。

Q：我身边有位好朋友也是一位旅游达人，前段时间去土耳其时，因为无人机飞进了贝勒伊宫（政府要地），结果一行人在警察局被调查了12个小时。由于语言不通、国情不同出现了很多问题，她回忆时哭着说：当时第一想法就是，我想回家。在异国他乡你遇到过的最困难的事儿是什么？或者最难忘的事儿是什么？

雷探长：我们真正在拍摄的时候，没有观众想象的那么简单。有一次去墨西哥拍著名的金字塔，很多人都见过金字塔，觉得金字塔没有什么，当我拍摄出来之后保安扣下了我的摄像机，要勒索5000元人民币。他的说辞也很有道理，他说，我拍的是世界文化遗产，拿大机器拍就是要交钱的。而我当时没有那么多钱，就跟他一直从下午僵持到晚上12点钟。最后在一个华人的帮助下，价格降低了点，但还是交了钱。这样的事情在每个国家都会多少遇到一点，也很正常，躲也躲不掉。我去巴基斯坦的时候，巴基斯坦ATM（自动取款机）并不普及，持卡刷卡的人还很少，都是中产阶级以上，每个ATM机旁边都会守着一个拿着AK47警察级别的人，由于我取钱的时间有点长被他盯上了，找来了银行行长还把我送到了警察局调查。那个警察局局长一边审问我，一边问我要我包里的雨伞。我联系了中国大使馆，大使馆的人说："你告诉他你是中国人，不缺这点钱，卡还很多。"警察局局长看我联系了大使馆，怕把事情闹成政治事件，特意开着摩托车把我送到了大使馆。我这趟旅行先是进了警察局，又无缘无故进了大使馆。其实这个过程也挺紧张的，在国外遇到不信任，很多时候需要替自己申辩。我也要给那些做旅游节目的人一点建议，无论怎么拍，都要记得保持微笑，尊重对方，认可对方的文明。

Q：最开始很长一段时间你都是自己在贴钱做，那个时候你靠什么赚钱?

雷探长：一是吃老本，二是靠点击量赚点钱。但现在我们也开始运营多元化了，“雷探长”以后还是要靠广告获得收益的，比如跟冒险旅游有关系的汽车、饮料、服饰等品牌合作。当然我们也可以做自己的周边产品，甚至品牌衍生品。比如说“雷探长”出的书，这本书 2017 年在全国卖了上万册，在冒险类书籍里销量排名第一。

MCN（多频道网络）是我的第二春

Q：你在创作过程中有没有遇到过瓶颈期?

雷探长：我一个人剪辑了 110 多集视频，阿富汗最后一集是巴米扬大佛，关于那集我想说的话太多了，我的感慨、人类的梦想。我想把这个片子做成高端的纪录片，我的抱负、理想一下涌向心头，我忽然觉得，“雷探长”一个人承担了这么大的压力，偷偷探秘拍摄，一个人熬夜剪辑，但面对那么长的素材我却无从下手，哪儿都不舍得剪，最后做了 40 分钟一集的超长版，这是我的一大瓶颈。而在那之后

我忽然意识到，“雷探长”真的缺个推手，缺个能帮助我，像我一样敢于拍摄、敢于像记者一样去撰写的人。于是我不停地问自己，为什么没有碰到一个懂行的人看到我的作品？甚至开始怀疑自己，是不是我只顾着拍了，而艺术水平不够？

阿富汗结束之后，我搁置了剪辑开始写书，花了半年时间写了本关于我自己的书，里面写了很多心路历程，字字是泪，字字是辛酸。而最后一集也就停留在巴米扬大佛。很多人在视频下评论：“雷探长”你是不是死在路上了？“雷探长”你是不是被杀了？大家开始寻找“雷探长”。也正是那个时候我又赢来了第二个春天——MCN。我赶上了两个时代：一个是自媒体，一个是 MCN。

Q：贝壳视频专注于人格化短视频 IP 孵化与升级，旨在帮助每一位创作者量身打造个人专属内容品牌。你觉得加入之后跟自己做视频有什么不同？他们会对你的内容有一些束缚吗？

雷探长：一开始他们给了很多意见，但慢慢磨合下来，我发现再多的意见也抵不过自己的想法。而他们更看重的也是属于我们自媒体人自己的东西，所以慢慢也就不束缚我的内容了，而是以我们的共同目标为基础，提升视频质量。他们在运营上很有经验，我自己做的时候只专注于优酷视频一个平台，“雷探长”虽然做得很早，但在全网分发上起步很晚。而且当时的想法也很简单，只要大家看到我的节目就行

了。对于 MCN 我很挑剔，刘飞的演讲打动了我，他之前是做媒体出身，所以他很理解媒体人。我要找就找一个靠谱的人，不只是为了宣传，而是找一个支持我冒险的人。而“何仙姑夫”在全网分发上有一定的实力，会帮我考虑到很多，但前提是自己的内容要过硬。加入之后他们在流量和变现上都会给我一些帮助，我们的节目是最容易变现的，但我最排斥广告变现，所以对他们来说目前的“雷探长”稍微有点放不开，但以后会稍微把脚步放开一点，可能会和一些综艺节目合作。

最怕广告植入让我的节目丧失真实性

Q：为什么排斥广告植入？害怕观众认为你是被包装出来的艺人吗？

雷探长：在当下的大生态圈中，旅游节目超过百分之六七十是包装出来的，无论是画面的精美程度还是他们做的事情，都是流程化生产。其实“雷探长”即使不被包装，也能拍出精彩的东西，因为我就是爱交流，爱表现，节目风格就是这样。而在我看来广告的植入会让节目看起来丧失真实性，比如很多人喜欢看车评视频，了解车的性能，但如果有一天某车品牌赞助了车评节目，大家会觉得有点假甚至取关，我开始就是特别害怕出现这样的事情。总有人说我是个大团队，怀疑我一个人无法完成这样的拍摄，甚至有人说我在炒作，认为如果不是团队根本不会不怕死地冒那么大的险去拍摄，但我真的是一个人去拍摄一个人去冒险。所以我就觉得一旦有了广告，就会让观众对我的形象有一种偏见，丧失真实性，我宁可不要那个钱。我想让节目更纯粹一点，表现一个有梦想的人，孤独踏上旅途追寻自己的梦想。在实现梦想的过程中都是孤独的，哪怕有一天我变成了马云那样的人物，我在追求更高攀登的时候，都是我一个人上去的。

Q：你日后会根据“冒险雷探长”这个 IP，孵化出一些其他的周边产品或者说一些其他的项目吗?

雷探长：我最想做的事情是打造中国最专业的纪录片平台。我是上海戏剧学院导演系毕业的，内心住着一个导演梦。因为视频是我喜欢的事物，我才呈现给大家，无论日后我们孵化多少周边产品，如服装、图书等都抵不过这个爱好，就像英国的 BBC、日本的 NHK，他们都有很专业的纪录片，而且挖得很深，拍敦煌、丝绸之路拍得比中国还好，很文艺。大家之所以喜欢丝绸之路是因为它身上带着文艺气息，但是只有他们拍出了那种气息。而我刚好也是搞文艺的，所以在我看来很多人喜欢我片子的同时还喜欢我身上文艺的气息。视频是我最好的语言，可能我要延伸，也要延伸不同品牌的不同节目。

Q：你觉得对于旅行类的自媒体人发展面临最大的困难是什么?

雷探长：大部分自媒体都在表现单一的东西，比如吃喝玩乐，在主题选择上没有更多的突破。头部内容往往能看出你个人的东西，而最终要看的也是一种独特生活方式。而雷探长最大的特色就是一个人、一台摄像机、一个背包。很多过分包装过的片子很难让人记住，一定要有个性化、人格化的东西。现在的观众很挑剔，越来越喜欢看真实的东西，而且真实中还要带点刺激性。

Q：像日本鬼片，真实、贴近生活，让人看了总觉得身边什么地方都觉得不对劲，会后怕，看“雷探长”的一些片子也有种恐怖片的感觉。

雷探长：那就对了，这就是冒险。

Q：那对于现在的那种创作者或者说正在即将走上这条路的朋友们，你有一些什么小建议或者经验分享吗？

雷探长：首先创作视频一定要长久，任何一个行业都可以入门，但比到最后拼的就是长线了。其次，你做的东西一定要对大家有所帮助，无论是大家开怀一笑，还是让大家生活中能够借鉴，一定是有帮助的东西，这就是做视频的一个方向。

Q：你觉得作为创作者，需要时刻保持忧虑的心态吗？有的创作者会认为时刻保持忧虑和不安定感可以稽查创新思维。

雷探长：我觉得可以有，很多人在开始做视频的时候都是在不安定的情况下去做的，在我看来只要心中一直揣着导演梦，把每一条视频当成作品，用完美主义的标准去处理的话，观众是会看出它的好的。

Q：居安思危也会使人进步是吧？

雷探长：是的，人需要一定的压力，创意同样需要一定的压力。富贵险中求，只有到最险的地方去拍才能够拍到别人看不到的风景。

烹小鲜成长记

别人说我是文艺知性女青年，我说自己是娱乐圈的段子手。

在打造行业类自媒体品牌矩阵的同时，关注行业动态，深挖行业价值，提供独立行业观察视角和独树一帜的文化产业深度剖析内容。我们愿与100万影视行业从业者及1.3亿泛娱乐用户，共同见证这个行业发生的好人、好事、好作品，烹小鲜娱乐为更好发声。

“烹小鲜”的迅速发展得益于精准的定位和优质的内容

Q：做新媒体的姿势有很多种，为什么是“烹小鲜”？是什么契机让“烹小鲜”走自媒体矩阵之路?

烹小鲜："让娱乐更鲜活"是我们的口号，也是我们在对娱乐受众深入了解后的定位。对于用户来说，娱乐这盘菜不仅仅是有料、有味、有营养，还要讲究新鲜，看着养眼，烹出热闹。内容产出的过程其实就是烹小鲜的过程，煎煮烹炸出一顿美味的内容大餐。"煎"代表剪，剪出不一样的娱乐大餐，现在烹小鲜旗下的鲜娱视频提供最优质的视听制作生产服务；"煮"代表我们精耕娱乐内容，"烹小鲜"现在年度采访行业大咖 500 多位，专题策划多达上百个，精品原创内容 2000 多篇，致力于影视娱乐行业的价值输出；"烹"代表我们的强势自媒体矩阵、优质内容及海量的微博微信资源整合；"炸"代表全资源多家媒体入驻烹小鲜 MCN 自媒体联盟，更有行业内具有影响力的代理资源产生最强聚合力，成为最精准、更容易产生爆炸影响力的渠道联盟。

2012 年是自媒体取得话语权的一年，越来越多的个体借助微博这个平台展示了一种新的传播力量。如果说博客时代发声权还掌握在名人手里，微博则给了所有人平等的发声机会，从默默无闻到新的话语传播者，往往只在一夜之间。而从传统媒体到自媒体，由单向传播变成了双向的交流，全民发声的时代彻底改变了媒体布局，烹小鲜在这一年触摸到了

媒体变革的先机。

Q：作为影视娱乐第一新媒体联盟以及最受影视娱乐公司欢迎的宣传平台，“烹小鲜”引发了一批相似账号的模仿狂潮，有什么成功经验可以分享吗？

烹小鲜：从 2012 年起，我们开始了自己在互联网大潮中新媒体的板块布局，率先启动了“娱乐鲜报”等数十个微博大号，成立“烹小鲜”工作室，这些微博大号也成了第一批“种子选手”。因为抓住了先机，也因为影视娱乐行业大发展的契机，这些“种子”和强势的媒体、名人一样成了大V。在开通的前半年，我们的微博累计被转发数百万，评论过百万，活跃粉丝比例超过 85%。这些“种子”的茁壮生长，也带动了初期“烹小鲜”工作室在微博层面布局的百余个优质娱乐账号，同时在运营层面上吸引了更多合作资源。在微博时代，“烹小鲜”的微博账号在短时间内获取关注，产生广泛影响力，得益于它精准的定位和优质的内容。

2013年，基于对社交新媒体的深刻理解，我们又成功打造了国内首个垂直于娱乐影视文化的新媒体联盟，除了有“烹小鲜”“剧研社”“导演帮”“小鲜电影”等知名微信自媒体，同时，也与诸多媒体人、影评人共同营运业内精英自媒体百余家，如“影君子”“电影红花会”等，一直致力于为价值内容的深耕；随着用户和客户数量的逐渐增多，也为了给客户提供更便捷的工具，2015年，“烹小鲜”又孵化了全资子公司“娱通社”，提供媒介代理、内容分发服务，是集媒体资源整合力、媒介策略及数据分析和内容分发效率为一体的媒介代理平台，也是国内娱乐影视领域内最大的娱乐媒体资源平台。

2017年，整个行业迎来了短视频的风口，基于对用户触媒习惯的深度了解，以及对娱乐内容的极致化要求，我们又成立了以PGC短视频为核心业务的专业团队：鲜娱视频，它是国内领先的娱乐影视MCN机构（新浪微博MCN）。其内容创作更为注重“用户思维”和“流量漏斗效应”，截至目前，已经有将近15档高流量品牌短视频节目（前列先发言、星扒客、电视剧透社、口袋电影、懒人观影指南、据说特有趣、据说特好听等）。

"烹小鲜"，专注于"影视＋娱乐"领域的内容研发和资源整合，建立跨微博、微信、短视频的整合性娱乐影视自媒体矩阵，并逐渐成为最受影视娱乐公司欢迎的资源平台。未来，我们仍然会以回归初心的心态，用心打磨产品，推出极致内容，与时俱进，及时创新。至于相似账号的模仿狂潮，我也不想多说什么，行业有行业的生存法则，客户也都有自己的认知，我们做好自己就好！

Q：从 2015 年 4 月开始，"烹小鲜"着力于推进媒体品牌建设，旨在成为移动端最大的影视娱乐内容分发平台，刚开始做遇到的最大的困难是什么？有什么好的解决途径吗？

烹小鲜：从一开始着力推进媒体品牌建设，其实就是有计划有目的地稳步推进的。在优质内容的基础之上，"烹小鲜"推进媒体品牌建设，以加入联盟进行实效商务导入的方式，快速吸纳了活跃在行业中以其他形态存在的娱乐类微信账号，目前总量过千，真正实现了联盟平台的梯队搭建，有效覆盖了 100 万影视行业从业者。同时通过"烹小鲜"PC 端网站，"烹小鲜"自媒体微博，以及今日头条、四大门户客户端的内容导入，通过这些内容矩点的分布，覆盖泛娱乐用户已经过亿。

Q：在互联网娱乐影视内容产品越来越丰富的今天，对于既精彩纷呈又乱象横生的影视娱乐行业来说，你觉得什么样的内容对用户更有效?

烹小鲜：现阶段互联网娱乐影视内容越来越丰富，影视娱乐行业更需要专业的观察文章和评论内容，内容需要抓住用户的痛点，“烹小鲜”聚集了一些原先传统媒体的骨干编辑和记者，他们文风犀利、观点独到，产出了很多丰富实用的“干货”和符合现在用户心意的文章。

Q：现在的影剧评界很活跃，但乱象很多，比如人情稿、跟风黑等，你如何看待如今的影剧评生态?

烹小鲜：其实我是一位从传统媒体转型的媒体人，经历了新旧媒体形态的更迭对传媒业带来的冲击，也见识了新媒体的发展推进内容创业欣欣向荣的一面，我们这个行业也涌现出很多优秀的内容大牛和意见领袖。但同时，入口的便捷和门槛儿的放低，使纸质媒体时期高高在上的影评和剧评，越来越变成一个没有门槛的事情。任何人在走出电影院、看完电视的那一刻，都能在豆瓣、猫眼等打分软件上发表自己的观看感受。

公众号创业的兴起，使一些具有专业审美能力和犀利见解的影评人脱颖而出，他们是被观众和技术赋权的意见领袖，在观众中有一呼百应的作用，他们发表的很多看法，很大程度上决定了观众为不为这部电影或电视剧贡献票房和收视率。公众号促进了影视评论的生机勃勃，但同时也使一些公众号为了追求所谓的“10万+”，开始走一些捷径。为了制造噱头、换取流量，通常取一些具有挑动社会情绪和耸动性的标题，行文上恶毒刻薄，往往为骂而骂，为喷而喷。在相当长一段时间内，以恶评为基调的评论，几乎占据了舆论场的上风，仗着话语方式和人数上的强势，使一些持有异见的影评人声音淹没于滔滔口水中。甚至你去看一些评论，真的是阅读理解的低下与情绪亢奋的两个极端，偏偏受众最容易被情绪指引。

合伙人制让我们吸纳了更多行业资深内容创作者

Q："烹小鲜"联盟是一个垂直于影视娱乐行业的自媒体矩阵，联盟成员包括专业的内容生产者，如影评人、资深娱记、行业观察家以及编剧导演，也有自谋话语权的草根，如何管理团队、统筹工作，保障持续输出质量水平相当的内容呢？

烹小鲜：如你所知，"烹小鲜"联盟的内容产出者包含影评人、资深娱记、行业观察家以及编剧导演，也有自谋话语权的草根：对于资深影评人和媒体人，我们会采取共同运营的模式，如"影视独舌""影君子""电影红花会"；其次"烹

小鲜”联盟采用前店后厂的模式，在北京建有20多人的专业记者采编团队，可以及时获取新鲜娱乐信息，采访重磅行业大咖，深度参与行业活动，进行价值内容输出。每个重度运营的账号又配有小主编，内容出来先由小主编审核，之后再交由“烹小鲜”总编进行审核，只有经过多重把关之后，内容才会出街，并交给太原编辑团队进行内容排版，分工明确，保证价值内容的持续输出。

Q：“烹小鲜”联盟组织结构属于扁平化，采用的是创业合伙人的合作模式，为什么采用这种组织方式，优势在哪，对于增加合伙人的黏度有什么帮助?

烹小鲜：“烹小鲜”联盟组织结构的扁平化，其中最核心的价值，就是打造一种全员面向用户，由用户反馈驱动的组织运行。能单挑内容的牛人，我们采用的是创业合伙人的合作模式，对方有足量的股份。这也使得商务运营团队可以形成一套完善科学的媒介购买体系，并进行输出。目前，“烹小鲜”商务运营团队定向服务接近200家影视公司和宣传公司的媒介人员，为其直接定制符合产品特性的内容购买计划。对自媒体合伙人则输入广告资源，让内容直接变现。

Q：作为影视娱乐的 MCN 头部，“烹小鲜”已拥有 200 多个各类微博大号资源，在不断地生产优质内容以及互推中继续聚合粉丝的方面有什么秘诀？

烹小鲜：经过这些年的累积，“烹小鲜”联盟在如何组织资源、保证内容品质方面的经验可以归结为以下几点：第一，集中精力，突围重点，精选头部 20 个账号作为重点运营，并叠加短视频栏目形成品牌效应；第二，品牌人格化，根据不同的自媒体属性，赋予不同的品牌认知和人格，垂直经营细分的注意力市场；第三，团队组织也要根据电视 / 娱乐等细分类型匹配人才梯队，以便显露内容的专业化和延展性；第四，可价值变现，平衡内容和商业的矛盾，保证不同程度的变现，维持平台良性运转和内容持续生产；最后一点，也是很重要的一点，而且是我们一直秉承的理念——合伙人制，会吸纳更多的业内资深的内容创作者，通过微博等新媒体形式合伙分权合作，来保证内容的多元化和权威性。

Q：在内容变现方面，“烹小鲜”的主要收入来源是广告，是否会因为广告客户的需求而改变内容的方向，写成被粉丝反感的软文，如何平衡投广告的客户与用户的关系？

烹小鲜：“烹小鲜”坚持优质内容的原创，而且是基于对一些项目的深入了解来产出优质的内容，有时候我们也会站在粉丝的角度来剖析一些作品和项目，让客户看到项目一些原先没有发现的点，并且这些角度也很容易与粉丝产生共鸣，内容的方向肯定不会因为客户的需求而完全变化，但是跟客户的深入沟通可以帮我们更多地了解项目。

Q：对于正在内容创作路上和想要踏上媒体联盟之路的朋友们有什么经验上的分享吗？

烹小鲜：1. 水大了就会有龙，在内容海洋里，无数鱼会成龙，我们希望化龙的是兄弟而不是对手。

2. 保持不断学习的习惯，尤其是媒体人，更要不断学习成长。

3. 保持初心。

神经兄弟的喜剧江湖：冒犯得有道理，得罪得没关系

搞笑内容的调性要冒犯得有道理，得罪得没关系。

发泄、热点、恶搞可以带出情绪和数据，这是自媒体行业无法避开的现实，数据是自媒体可以生存下去的基础，但真正的有态度要有价值观的输出。

25岁死了，75岁埋了的人生我们不想要

Q：你们两人生活中是什么关系（怎么认识的）？怎么凑到一起的？

神经兄弟：我们是网友。2013年一个偶然的机会通过人人网认识了对方，由于做的内容有些相似，所以会相互关注。

那个时候我们一个在上海，一个在黑龙江，但不知道为什么当时网上有很多人把我们捆绑在一起，莫名其妙地骂我们，可以说我俩是被骂到一起的。

Q：听说两位在做短视频之前都有份十分有前途的工作，是什么呢？为什么选择辞职呢？

神经兄弟（李飞）：老家在大兴安岭，相对比较闭塞，工作岗位只有公务员和事业单位，如果我坚持到现在，应该可以提副科级了。在旁人看来这样过很好，但我觉得这种生活很枯燥。父母就是公务员，看着他们五十岁时的样子就像看到了二十年后的自己。我辞职对我爸的打击很大，因为他把我的大学、专业和未来都安排好了，而我这个决定相当于是对他整个人生的否定。相反我妈很支持我，她是一个很文艺的人，天马行空的想法很多，她也觉得一辈子挣三千多块钱没什么意思。如果哪天达到郭德纲那种程度我就不干了，我就往比尔·盖茨那边发展（开玩笑的，哈哈哈）。

神经兄弟（刘琪）：大学学的是机械设计，毕业后当了三年工程师，一个月工资一万多，但在上海一万多块钱就是活着，跟在老家拿三千块钱一样。那时候也没得选择，也没有别的可以挣钱的门路。我就跟家里商量说我不想干了，我觉得我做的事交给谁都能做好，我来做也没什么价值。对我们来说那样的人生就是 25 岁死了，75 岁埋的。

Q：在创作中两个人有没有意见不统一的时候?

神经兄弟：非常少。我们会相互商量参考彼此的想法，择优创作。从星座上分析我们并不合拍，但在内容上，我们喜欢的东西、笑点的想法全都一样，在表达、思维上也会特别像。

Q：你们俩经常会扮女相，有人把你们看成一对吗?

神经兄弟：了解我们的网友都知道，我们是钢铁般的直男，会让女生讨厌的那种直男，如果女生化妆和卸妆后变化很大，我们甚至会问：你是谁啊?

Q：为什么自称是热爱创作却有病的灵魂，起名叫“神经兄弟”呢？是觉得自己有神经病吗?

神经兄弟：我们做的东西既冒犯又无厘头，涉及时事，两个人又爱表演，如果叫“时事兄弟”或者“谈天说地”就太老套了。但叫“神经兄弟”干什么都可以，又不敏感，做什么事儿大家都觉得很正常（因为两个人是“神经”兄弟），也给自己留了一条退路。

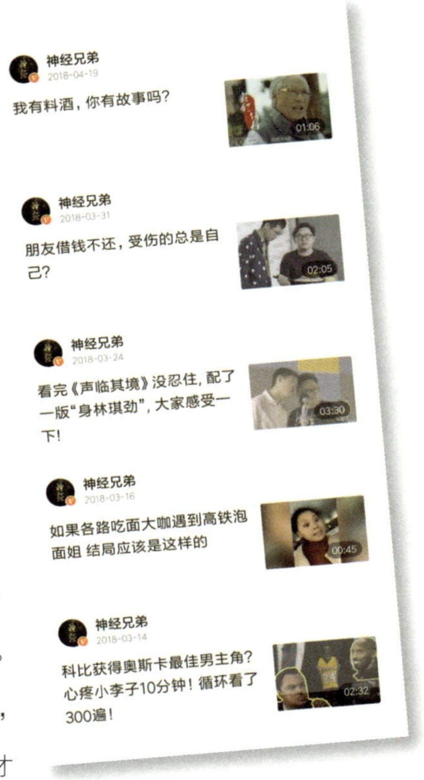

Q：一路走来遇到的最大的困难是什么？

神经兄弟：最大的困难不在内容创作，而是现实因素。自媒体人赚不到钱是一个通病，而我们俩真正吃上这口饭也才半年多的时间，瓶颈需要慢慢去打破。到公司来之前，我们基本上是一个野生的状态。很长一段时间是没有收入来源的，足不出户，一心研究内容。做直播的几千块钱收入就是我们那时候的饭钱。记得我们做第一支广告赚了 3000 块，而在这之前的半年时间我们才赚了不到 5000 元。

做喜剧不能让观众觉得自己才是最大的笑话

Q：其实让人哭并不难，一个表情、一首配乐、一段独白，都可能会让人流泪，但是让人笑很难，你们做喜剧有自己的套路吗？陈佩斯老师有句著名的喜剧理论“喜剧都有一个悲剧的内核”，你们怎么看？

神经兄弟：陈佩斯说过，喜剧的内核是悲剧。我们自己做喜剧时也能感觉到，想塑造一个人物让观众笑，那这个角色在各方面一定不能比观众强，否则观众会觉得这是偶像剧，感觉自己是个笑话。想让观众笑出来，一定要让观众俯视这个人，要看塑造的人物在当下环境里是否自知，他不知道自己是个悲剧时他就是好笑的，如果他知道自己是个悲剧，那就变成悲剧了。很多喜剧演员多少都有点抑郁，因为他在把自己释放在众人面前让别人去笑的时候是自知的。

Q：你们会去剖析人性最本质、最恶劣或者最丑陋的一面，并通过自己的某一种形式表达出来吗？

神经兄弟：会，我们会把某个人物最大的特点表现出来，并将它嫁接在某种形式或动物身上，让大家一看就觉得很新颖。毛不易那首《消愁》，我们去《冒犯家族》(后简称《冒犯》)录制之前写了两版，但大家看了之后觉得太惨了，已经不好笑了，完全变成了直抒胸臆。我们是从搞笑的基点来写的，但在创作过程中也会觉得这人太惨了。我们经常会觉得自己出的东西不好笑，代入自己的时候，就觉得不好笑。我们理解的是所塑造的那个人物本质的一面，但观众看到的是另外一面。好多时候我们都是在自嘲，有时候自嘲过度，自己看着就很难受，但是观众看着好笑就行。做搞笑的内容会有几个好用的套路，但是这些套路只是工具，内核还是要让别人开心。作为一个做喜剧的人，当观众觉得好笑的时候，我们就很有成就感。

Q：我们看到荧幕上的周星驰非常搞笑，塑造了很多有意思的人物，但生活中他是一个特别严肃的人，他也是一个非常需要别人去懂他的人。如果有一个人在分析你们的作品，但实际上他分析的观点和你们最初想表达的东西完全不一样时，会不会觉得这人不懂你们?

神经兄弟：每个人看问题都有自己的观点，就像我们的作品，可能下面有一千条评论，如果这一千条评论中有五百种观点，我看着就很舒服，但如果上来第一个人就骂，后边五百个跟着骂，我就觉得这些人没有独立思考的能力。

Q：这就是所谓的“羊群效应”，很多人都只是跟风而已，只看了标题、评论就开始表达自己的观点，实际上他并没有看内容本身。

神经兄弟：读者有自己的观点很好，看到不同的观点对我们今后的创作也是一种启发。人都会趋利避害，当他在某个群体里有优越感和安全感的时候，他会把这种感觉放在想法前面，而大部分人是没有自己想法的，我们能成为搭档最重要的一点就在于我们彼此有自己独立的思考。

（李飞）记得上学时，面对问题，每当我有和其他同学不同想法的时候，老师都会批评我，在我看来老师把大部分同学都教成了一个样子，就是没有独立思考能力的人。

（刘琪）而最可怕的是当某个群体里有人表达自主想法时，所有人表现出来的是恐惧的状态。而当我们为了表达自己的意愿撞得头破血流时，就会有很多人来评论说：“看！你们选的路是错的。”当然，在你取得成功之前这种声音是不会断的，这就要看你自己是否相信自己能做成这件事，可能每天夜里都在质疑自己到底对不对，而终有一天，自己想明白了并继续往前走，这样的勇气不是谁都有的。人生是有限的，所以我想在脑子还能转得动、有精力、醒着的时候去做自己喜欢做的事情。

如何做到“得罪得没关系，冒犯得有道理”

Q：在你们的作品中有影视配音、有嘻哈、有搞笑评论，你们想通过自己的内容表达一些什么？

神经兄弟：在外面待了 10 年我曾经一度迷失自己，记得 2008 年刚来上海的时候，很多人跟我说，如果想在这个城市待下去，跟这里的人交朋友，就要隐藏自己的口音，熟悉这座城市。刚开始还觉得挺正常，但 2013 年开始工作的时候，我突然意识到：我就是东北人，为什么要装作不是，为什么不能把我的东北属性表现得淋漓尽致？心理上觉得这样活着好累，装了这么多年不想装了，所以开始用东北话录段子。而作为自媒体，我们始终认为要有自己独立的观点，当然也要挑一个最圆滑的方式，把不满和某些真相通过另一种方式表达出来。李诞曾说过：“真正的有态度是把你的观点传达给别人，同时可以影响别人”，而我们更多的是一种发泄。但其实我不喜欢这种方式，发泄、热点、恶搞可以带出情绪和数据，这是自媒体行业无法避开的现实，数据是自媒体可以生存下去的基础。真正的有态度要有价值观的输出。我们做喜剧，有时有种无可奈何的感觉，因为我们知道自己想表达的东西，但我们不知道想听的人在哪儿。

Q：有一种是专门为了迎合大众而产生的自媒体，还有一种像你们是专门为了发泄，还有人想做成行业内的标杆，或者做到某一个领域比较有影响力，你们想做成什么样?

神经兄弟：韩国的电影《熔炉》就有很大的影响力，我们不敢说自己想做这么大的事情，但是会坚持表达自己的观点，且更倾向于在事情发生时，用戏谑的喜剧方式表达，向大家传达看事件的不同角度。

Q：录制《冒犯家族》跟大咖们合作有没有压力？节目录制的时候，会不会受到像导演组或编导给你们做内容上的限制，平时会不会限制住你们自己的思维，让你们在一个范围里创作？

神经兄弟：更多的压力源于剧本和表演。明星和普通人一样，每个人都有自己的性格。比如孙杨，他是一个很有童心的人，平时训练很枯燥，所以他在现场特别开心，很喜欢跟我俩聊天。

（刘琪）他特别喜欢我，我们给他写的剧本是要喊出周杰伦的名字，结果他两次彩排都喊的是我的名字。他要离开时，直接像抱小孩子一样把我抱起来，离地一米多。

在创作上导演组并没有给过多的限制，我们会先将自己的想法写成剧本并演出来，如果他们认为有不合理的地方会跟我们进行沟通，导演组会从中协调，从导演或者作者的角度给出建议，有“1+1 ＞ 2”的感觉，不是给我们限制边框，而是给我们优化的建议，所以内容大部分是我们自己的。他们前期工作做得非常好，几乎把最近能用的热点、新闻全都按照一定的条理列出来，并把一些可以改成小品的、有话题性的内容标注出来给我们多重选择和参考。让我们觉得导演组除了自己落笔写东西之外，剩下的好像什么都能干。这个过程对我们来说很放得开，也很充实，让我们感觉很受尊重。不知道别的自媒体从业者是什么感觉，内容创作者很容易被人忽视，而《冒犯》是个非常尊重内容制作的团队。

做自媒体人和参加综艺同样都是创作内容，而两者有个共同点，那就是“立人设”。对我们来说做自媒体很难表达自己的人设，有很长一段时间我们一边坚持心中所想，一边为了受关注而蹭热点。而在《冒犯》里大部分人是来看明星的，我们在这个时期把自己的形象建立起来也并不容易，可能段子会火，但没人认识我们。我们做自媒体只是表达自己的态度，想怎么做就怎么做，但是从导演组的角度就会兼顾很多，既要表达自己的观点，又不让观众感觉不舒服。要冒犯得有道理，得罪得没关系，这对搞笑内容是很难拿捏的。另外，自媒体人是碎片化的，大家不想听你讲大道理，只要在没事儿的时候看到你觉得开心就好。但如果在综艺上去摔一个高晓松抱枕，就觉得不好笑，调性不统一。

做创作最难的是如何在不红的时候坚持初心

Q：现在你们两个红了，之前不看好你们的人态度有什么变化吗？

神经兄弟：（李飞）我的父母、七大姑八大姨、七舅姥爷，不再拿我辞掉公务员的工作说事儿了，反而得到了他们的认可和支持，这就是对我最直接的反馈。

（刘琪）我身边大多数反馈是：做成这样应该还很不够。我对自己是很不满意的，如果《冒犯》给我重来一次的机会，很多表演我会重新改。我印象中朋友圈多年没有联系的人会说看到你了，但我自己没有注意过这个事情。有位名人说过：创作者一定是寂寞的。如果声音特别嘈杂，根本没法沉下心去做东西。比如，参加一个节目就飞黄腾达了，要钱有钱要名有名，这就是昙花一现，后边的作品就都没法看了。我们俩岁数比团队里的人大，快三十岁了，到了这个年龄就能体会到，虚名都是缥缈的，如果不把它转换成接下来的作品，不转换成一个正确的导向，是没用的。往往创作者最好的作品都是在他最穷困的时候创作出来的，他那个时候强烈的表达欲望和真挚的感情很纯粹很宝贵。反而人生到了相对

稳定的阶段，到了不需要表达很多东西的时候，创作就会变得很困难。对我们而言做戏剧难不在于自己能否一下子红起来，而难在不红的时候能否坚持住你自己想表达的东西，保持初心。

Q：计划过未来会朝着什么方向发展吗？

神经兄弟：一直坚持自媒体的更新，并在自己的表达与观众的开心之间找到一个平衡点。我们给自己定了一个硬性目标：在自媒体上，希望明年的这个时候全网还能看到“神经兄弟”。在传统媒体上，我们毕竟是半路出家的门外汉，希望自己可以更进一步。虽然大家都说我们进步得很快，但这不代表大家认可我们是不可或缺的，你好和不能没有你是两码事。

Q：有考虑过成立自己的工作室，像papi酱一样参与拍摄些影视作品吗?

神经兄弟：有这个梦想，但这对目前的我们来说有点远。我们可以在网络综艺上面多学习，让自己更丰富，再回馈到自媒体上。papi酱是科班出身，只不过用的设备简陋了一点，但不代表人家没有功底，她知道自媒体应该怎么做才没有距离感，为了拉近和观众的距离才刻意做得生活化，但不代表人家是在闹着玩，人家十八般武艺什么都会。跟她相比，我们相差很多，今后还有很长的路要走。

Q：腾讯、德克士、高夫都找过你们做广告，你们觉得他们选择你们合作的原因是什么?未来的变现渠道又会是什么呢?

神经兄弟：首先吸引他们的是我们两人的创意，另外一点就是我们两人的特点，我们两个合在一起的这种双人组合的人格魅力。与我们合作的很多甲方都是委托公关公司与我们沟通，不需要亲自出面，但接触下来我们会发现，很多甲方会因为单纯想来看看我们两个亲自来谈，看看我们的工作状态，看看我们的真人。

其实搞笑类的自媒体最容易火起来，也最难变现。吸引来的用户看到有趣的段子只是看看，嘿嘿一笑，并不垂直，很难去输出知识或者产品相关的内容，所以很难去发展电商或其他领域的产品广告客户。我们现在大部分的变现是做定制视频，根据客户需求，结合我们两人的特点和创意，拍摄一些创意广告。

Q：那对于现在当下的一些搞笑类的视频自媒体人，你们作为已经在线上的或者已经在发展期的自媒体，对他们有什么经验的分享，或者说作为过来人想说的话吗？

神经兄弟：坚持初衷，认清自己是否适合做这一行，如果认定了，就要知道自己的优势在哪儿。每个人都是不一样的，要根据自己的特点和优势去做适合自己、属于自己调性的内容。有些东西不是放在谁身上都适合，套路肯定有，方法肯定有，工具肯定有，但是你让赵子龙去耍青龙偃月刀就不是那么回事，这种东西还是要自己去发现，自己是最了解自己的。投机取巧的方法肯定是有的，但个人建议，如果没有搞清楚自己要干吗，就急躁地奔着一个方向去的话，最后有可能会红一下，但不可能持续产出好的内容。

北京民俗：我做自媒体最大的困难就是“孤独”

民俗总会被人误解，甚至简单粗暴地跟封建迷信画上等号。我没办法解答这个问题，所以更想在内容上把握好方向。“北京民俗”希望能在保护与传播中国优秀文化遗产方面有所成就。

北京民俗在调位上普遍偏严肃、重研究，同时注重收集近当代民风民俗，但不是那种枯燥的“论文式”，而是呈现鲜活的、有价值的东西。

运营的综合实力是积累

Q：你如何定位自己的自媒体账号？

北京民俗：希望它能在保护与传播中国优秀文化遗产方

面有所成就。关于内容生产角度，我的定位方向很简单，就是垂直、高质量和稀缺性这三点。要做到这些门槛不低，遇到的困难和压力都非常大。再加上民俗类内容本身就是窄众领域，越走“极端”路线，可能反而在传播上越吃亏。但我还是坚持想这样做，因为喜欢民俗。

当初我跟朋友聊起想做民俗的时候，很多人第一反应是民俗有那么多可做的内容吗？还有就是不好意思说出口的，觉得民俗很庸俗。民俗总会被人误解，甚至简单粗暴地跟封建迷信画上等号。我没办法解答这个问题，所以更想在内容上把握好方向。

短时间内扭转大众认识不太可能。所以在拥有众多优秀的自媒体的平台里，我对“北京民俗”的期待就是，希望它能像一个大超市里的一件稀缺小东西一样，当用户想看点什么的时候，它能真的给予一些有价值的内容，这就够了。

Q：当初为何会选择民俗文化这个领域，做民俗文化研究者？现在研究民俗文化的很少，年轻人更是稀少，你是受到长辈或者某些因素的影响吗？这对你的自媒体之路有什么帮助？

北京民俗：我是北京人，又一直喜欢看民俗文化类的东西，之前经常还跟一些“非遗”传承人、手艺人有些交集。所以顺理成章地做了“北京民俗”这个账号。不过“北京民俗”不是只谈北京的民俗，因为刚做不久我就意识到一个问题，这个名字表面看局限性太大，可能在传播上会因受地域限制伸不开腿。而且民俗学本身就是交叉学科，有时候在叙述一个民俗事象的时候，很难做到只讲北京不聊其他。另外就是有些民俗范畴的东西，没太大必要分地域。所以我将“北京民俗”的宣传口号定为“近知北京风物，远播四海民俗”，希望能伸开腿，让更多人多了解民俗文化。

对民俗文化有兴趣的年轻人，确实不多。我也不知道我是怎么被影响的，可能有家里埋下的种子，也可能有前几年的工作积累，经常接触跟传统文化相关的东西，也确实得到了不少帮助。比如我写文章的时候，突然觉得应该配一张特别点儿的北京兔爷的图片，我就直接发微信给兔爷的传承人，照片很快就有了。选题方面在内容稀缺性、独有性上也有很多增益，因为有之前的积累和对这个领域的了解，多少能捕捉到点不一样的东西。

Q：你称“北京民俗”是一本《民俗志》，为什么这么说，“北京民俗”最独特的点是什么？

北京民俗：民俗类内容本身涉及面极广，非常丰富。我希望做垂直细分的民俗类内容，把能涉及的都做一遍，包括天文历法、人生礼俗、民间故事传说、文字研究、考古历史、各种民间习俗、社会组织、宗教信仰、民间艺术、非遗、手工艺制作、曲艺、武术、各种民间游艺等等。

“北京民俗”在调位上是普遍偏严肃、重研究的，同时注重收集近当代民风民俗，但不是那种枯燥的“论文式”，而是呈现鲜活的、有价值的东西。比如一个复杂的历法计算问题，读者通过阅读，是可以知道伏天是如何计算出来的，并且有一定的计算实操能力；或者一首儿歌，用故事化的叙述方式，讲述它被录音采集的过程；如果读者学会了、了解了，那就是传承。

要做到这些，少不了专业人士的参与。目前“北京民俗”已与多位民俗学家、学者合作，共同把控内容。在选题角度上，尽量找到更能引起大众兴趣的点，把复杂的研究过程转化为简单的结果。

Q：不像其他自媒体人是团队作战，你这个自媒体号是单枪匹马，而且属于个人的兴趣写作，如何权衡工作和文章写作，有什么经验或者建议吗？考虑过找合作伙伴吗？有什么期待吗？

北京民俗：我这个确实是名副其实的“自”媒体，单枪匹马入沙场。当然，这样是很消磨人的，不建议效仿。最初做这些，肯定是基于兴趣，但自媒体有自己的生长肌理，做到一定规模，必须真正上升到运营层面才健康。每个自媒体定位和实际情况都不一样，个体间是会存在差异的。在写作这件事上，我的个人经验是量力而行。不过只要有了时间的积累，内容肯定是会越滚越多的。

我有过合作伙伴，通常都是只有几周或者几个月就结束掉了，合适的人并不好找。首先他要懂民俗，另外要懂传播，懂媒体运营，熟悉各种规则。这两项学习的成本都很高，见效却很慢，我期待尽快找到志同道合的人。

Q：一路走来写作或者调研中遇到的最大的困难是什么？

北京民俗：遇到困难是常有的事。我最大的困难是孤单。一个人运作难度很高，相比其他自媒体的团队，他们是可以商量的，集思广益，可以分工协作，人多力量大。我在写作的时候，就经常会陷入思考：这个东西是不是广义上的好？能不能获得读者侧目？要不要转变方向，去跟进一些热点话题？至少这个投入产出比是正数的。

消耗大把时间制作的内容可能最后没几个人读

Q：民俗文化受众有限，作为内容创作者，怎样平衡内容创造和迎合大众口味两者之间的关系，你觉得账号运营最重要的是什么？

北京民俗：民俗类内容的读者群确实很少，没做的时候真的不知道。“民俗”这两个字理论上来看应该人人都是受众，但实际上横向对比会发现，可能连一个大众领域中等偏下水平体量都达不到。找到扫一眼就让人想看的话题，可能会换来更多阅读量和粉丝激增，消耗大把时间制作的内容反倒最后没几个人读。有时候我也很想分享一些冷门一点的内容，但跟当下快消费的读者思路有悖。所以如何平衡两者关系，一直还是我努力摸索的点。

运营最重要的是各个环节上的经验总结和各种资源的积累，很多人会觉得运营好坏全在数据流量上，把宝都押到内容和标题上，这对也不全对。有些东西是明面上根本看不见的，运营的综合实力是积累，有积累会跑得长远。

Q：在民俗文化调研过程中，你最骄傲的事情是什么，它让你获得了什么？自媒体时代给你带来最大的收益是什么？

北京民俗：最值得骄傲的应该是我也在不断进步，弥补自身的各种不足，了解了更多当代民间手工艺者的情况，这是书本里找不到的。还有就是认识了许多有才华的朋友。

Q：研究民俗文化是你的兴趣和爱好，通过互联网传播是想获得什么？是想让更多人了解关注，保护中国优秀的民俗文化遗产，还是为了名和利？

北京民俗：我做自媒体时间很早，不像现在几乎人人都知道自媒体红利、内容付费这些名词。当初无所求，也不知道未来会有很多忠实用户愿意认真读我的内容，甚至跟我做朋友。做到现在我是有所求的。我自己比之前更喜欢民俗了，也更希望有更多人愿意了解中国多彩的民风民俗，先有了解的意识，未来才能再谈保护和传承。

Q："北京民俗"现在主要盈利模式是什么，未来是否考虑加入一些新的变现方式？有什么想法吗？

北京民俗：这是很现实的生存问题。自媒体并不是无本买卖，资源消耗挺大的。起于兴趣并想一直葆有兴趣地延续，一定要有很实际的收益。这样不至于偏航。盈利模式上我做过很多尝试，广告、各种活动，还有电商之类。新变现方式我想应该是较新的思路，我还在想，也想找同行借鉴一下，很难找到。

Q：对于如何保持持续高水准的内容创作能力有什么成功的经验可以分享吗?

北京民俗：提一个标准，照着这个标准，在遇到困难的时候也尽量不找退缩的理由，持续坚持下去，直到养成这样的创作习惯就成经验了。

Q：对“北京民俗”的未来发展有哪些期待?

北京民俗：期待未来有更多跟有关部门或者权威机构的合作，让“民俗文化”能被更多人注意到，尤其是年轻人。

Q：对于正在内容创作的路上及想要踏上民俗文化这条路的朋友们有什么经验上的分享吗?

北京民俗：选一个自己真的感兴趣且擅长的领域，至少短期内不会有内容荒的问题。如果是做民俗文化可能免不了会遇到民族、宗教和各种文化间碰撞的问题，希望创作者笔下中正，胸怀包容。

北石同学：生活很静但生命很野

“趁年轻，多犯一些错误。”这句话让我最终决定在26岁时去做一件到62岁都还能怀念的事，哪怕错，也是青春万丈的错。

从“稳”到“野”再到“新”，这个过程对我来说就是成长，是打碎常规翻越万水千山，最终回归社会时的起伏，它让我相信，人生不一定非要与众不同，但一定要与己不同。

在自己一无所有的年华，去面对最真实的自己

Q：当初是什么原因让你决定裸辞去旅行，这一点其实很少有人有这个勇气可以做到。

北石：环游世界，我想是很多人的梦想，我在很小的时

候就很渴望能多去外面的世界看一看，但和大多数人一样，始终觉得那是一个遥不可及的梦。在辞职环球旅行之前，我是一个普普通通的“北漂”一族，每天挤着地铁，敲着方案，过着朝九晚五的都市生活。其实做辞职这个决定，最触动我的时刻是 2013 年在北京看的一出音乐剧《妈妈咪呀》。我是个爱看话剧的人，也经常被话剧里的醉生梦死影响。《妈妈咪呀》里讲述了三个母亲和女儿的故事，舞台上年老的母亲把自己年轻时候的场景再现，风华正茂又青春万丈，那一刻和年老的母亲形成了强烈对比，我就在想，等我老了，我回忆青春的时候，是不是会缺少一些青春万丈的疯狂色彩，再加上一直印象深刻的一句话：趁年轻，多犯一些错误。所以最终决定在我 26 岁时去做一件到 62 岁都还能怀念的事，哪怕错，也是青春万丈的错，我相信这个决定会为我以后的人生带来不一样的东西。

“一念起，万水千山。”是这样的，当我觉得我想要辞职去完成这个梦想的时候，内心就越发地觉得自己应该去做。所以最后我选择离职，去过一过自己想要的生活，在自己一无所有的年华，去面对最真实的自己。

Q：从企业人到裸辞旅行，再到现在成为旅游达人，这些角色的转变，对你心里有什么变化和触动吗？能否和我们谈谈？

北石：一个人在这个社会，会去扮演很多角色。有些角色是被动的，是别人告诉你如何去扮演的；有些角色是主动的，是自己主动出击去成为的。我觉得不管是什么角色，都应该有一些不变和变。不变的，我想是自己在扮演每个角色时对自己的“真”，这个很重要，只有自己真实去面对自己，知道自己想要什么，不要什么，才能更随性从容地活着。而变化的，应该是随角色变化带来的心理态势。比如我在企业工作，我的心理态势就是“稳”，一切都要以稳为前提，不犯错不造作，踏实前进。那么我辞职旅行，我的心理态势就是“野”，怎么疯狂怎么来，怎么自由怎么来。再到现在成为一名旅行自媒体人，心理态势就是“新”，我天天就在想怎么做一些创新的旅行内容和大家分享。所以，从“稳”到“野”再到“新”这个过程对我来说，就是成长，这成长背后是我去打碎常规，是我去翻越万水千山，最终再回归社会时的起伏，它让我相信，人生不一定非要与众不同，但一定要与己不同，每个时期的自己都要不一样。

“北纬 30 度”的探索是一场不会停息的旅程

Q：为什么会叫“北石同学”这个名字？这个定位里有什么故事吗？

北石：刚开始出发旅行时，我没有告诉我爸妈，说实话我自己都不确定我能走多远，会承受怎样的风险，我不想让爸妈担心。于是我对他们撒了个善意的谎言，告诉他们我的公司派我去印度出差半年。行走在路上，有一天我家乡的媒体《贵州都市报》找到我说要给我做一个专访刊登在报纸上，我心想要是爸妈看到报纸那就等于暴露了，于是决定用一个网名替代我的真名。因为我一开始规划的路线是行走“北纬 30 度”纬线所穿越的国家，于是取了一个“北”字，一个“十”字，我又比较喜欢“石头”这个意象，于是就决定用“北石”这个名字。至于“北石同学”，是我觉得人这一生，就是在不停地学习，任何人任何事都可以成为我们的老师，于是愿一生为“同学”，不停学习成长。

Q：看到很多报道都缘起于“北纬30度”，现在对于这个纬度带的探索进度如何了？除了“北纬30度”地带以外，还有新的目标要出发吗？

北石：“北纬30度”纬线的确是这个地球上比较神奇的一条纬度线，它横穿世界四大文明古国，还穿越了世界上的一些奇观，比如地球山脉的最高峰——珠穆朗玛峰便位于这条纬度线之上，而传说中的大西洲沉没处，以及令人惊恐万分的“百慕大三角区”也都位于北纬30度纬线之上。所以我出发的时候，就想去这条纬度线所穿过的国家去看一看，看看这个地球古老的文明，也窥探下这个世界现代的灿烂。

从地理布局看，北纬30度穿过摩洛哥、阿尔及利亚、利比亚、埃及、巴勒斯坦、以色列、约旦、沙特阿拉伯、伊拉克、伊朗、阿富汗、巴基斯坦、印度、尼泊尔、中国、日本、墨西哥、美国等国家和地区，目前我已走过其中的14

个，可以说这是一场精彩纷呈的探索之旅。我忘不了阿富汗班达米尔湖的震撼，忘不了伊朗朴实温暖的民风，忘不了埃及沉甸甸的历史，更忘不了墨西哥玛雅文明的神秘。而中国、美国、日本，更是呈现出这个世界最现代的面貌。这条纬线的探索之旅，从古代到现代，从自然到文明，深深地打动着我作为一名行者的心灵，它让我明白了人类的渺小与伟大，也让我更加深刻地认识到世界的多元。我想，关于“北纬 30 度”的探索是一场不会停息的旅程，我将继续下去。

除了这条纬线上的国度以外，这个世界还有很多值得我们去感受的区域。比如我在 2016 年年初抵达了南极感受世界尽头的震撼，在 2016 年年底抵达了北极体验极光绚烂的梦幻，这些都是旅行所给予我的美好。我也曾深入非洲，感受那片土地的原始和野性。踏入中亚，领略斯坦国的相似与不同。总之，这个世界真的太大太神奇，有很多地方值得我们慢慢去探索去感受。我想，旅行这件事，将陪伴我一生。

Q：途中让你意外或印象深刻的事是什么？有没有忍不住去过很多次的国家？

北石：这一路，我看过地球的大山大河，迷恋过自然的日月星辰，也游历了世界新七大奇迹，在一个个文明兴衰的故事里感受着人类历史的多元，坐热气球上天感受神奇，潜到海底和鲨鱼共游体会刺激，到达南极跳入寒冰迎接这生命中美好的风景。但回望这一路，每次浮现在我脑海里的，还是那些一张张朴实的脸庞和一个个奇特的故事，有些地方让我明白，人才是这里最美的风景。有些故事让我懂得，旅行中最珍贵的是那番与众不同的经历。

这一路我最爱的国家是伊朗，在那里经历了很多细微却温暖的故事，故事里有着因为感冒把主卧让给我住而自己睡客厅的德黑兰沙发主，有着邀请了一群朋友在家聚会却不戴头巾的拉什特美女学生，有着一大早到青年旅馆楼下等我带

我走进清真寺祈祷的伊斯法罕同龄青年。伊朗的一个个小故事，让我认识到旅行是件非常迷人的事情。

一路上，我一直相信一句话：这个世界即使千疮百孔，也依然值得我们去爱。在苏丹，我在深夜搭车到了一个不知名的小镇，很快就被当地人带到了警察局。我以为出了什么问题，结果警察在简单检查了护照以后告诉我今晚就留宿在他们的警察宿舍，紧接着他们又为我准备了很丰盛的晚餐。晚上我们在月光下喝着红茶聊着天，24 岁的警察穆罕默德（Muhammad）告诉我他很理解南苏丹的独立，因为南苏丹和北苏丹在历史、宗教、种族上都有太多不一样，他讨厌战争，憎恨暴乱，他说苏丹其实有很多自然资源，包括石油，但是他们实在太穷没有技术自己开采，他多么希望自己的祖国能够快些强大起来。那一刻我突然不知道该如何回应他，回想起这一路上不停会有苏丹人询问我苏丹好吗，我想这里的人们如同爱着自己一样爱着自己的国家，然而贫穷落后的现状让他们又不得不在艰苦中生活。

第二天离开的时候穆罕默德一次次挽留，最后又为我找来了免费的大巴车载我去下一个城市。离开的时候我特别伤感，旅途中这些萍水相逢的人，这一次道别可能就真是此生不会再见。他们的好意，他们的友善，只能一直住在我的内心深处，温暖一路。

所以，若干年后我可能会忘掉哪里的风景很美，哪里的历史很久远，但我不会忘记的，是旅行路上那些陌生人带给我在当下的那份感动和温暖。

过度放大标签容易误导年轻人相信“不工作就能旅行赚钱”

Q：看到很多报道，在你的身上有很多标签，如“北纬30度”“裸辞”“间隔年”等，你对这些标签怎么看？最近是

否有新的标签呢？现在都流行“人设”，你对“人设”怎么看？你觉得“北石同学”有自己的“人设”吗？

北石：这个时代媒体总习惯于放大一些特征，用标签化的方式去呈现人物和故事，所以也会看到以上这些标签伴随着我的一些报道。从某种程度上看这是好事，因为能够帮助别人更快地记住我，让大家更好地了解到“北纬30度”这条纬线，更容易明白“裸辞”“间隔年”“旅行”这样的事情。但是有个不好的地方是也会给受众造成误解，只是去关注我裸辞旅行然后收获了很多报道，但却忽视了这件事背后的艰难和坚持，怕误导一些年轻人轻易去相信不工作就能旅行还能赚钱。所以我们在看一个人一件事的时候，千万不可以只是看到标签化、符号化的东西，而应更深入去了解这背后所存在的事实和逻辑。

如果说新的标签，我想那就是我现在的职业：自媒体人。其实我很喜欢这个标签，因为这意味着，自己有了一些平台和渠道，可以去发出自己的声音。让自己的声音被更多人听见，其实是件很幸运的事。

关于“人设”这个词，我想应该是个中性词。其实我们每个人生存在这个社会，必然会有意无意地去为自己设定一些代表自己的因素，而这些因素，又正是你想让别人认识到的自己，换句话说，每个人都在尽全力为了“人设”把自己最好的一面呈现出来。如果要问我“北石同学”的人设，我想就是我想让大家看到一个真实踏实行走并极力分享旅行的青年形象吧。

Q：在内容制作方面，“北石同学”是否有自己的创作标准？是否遇到过创作瓶颈？是如何解决的呢？

北石：关于内容制作，因为我一开始就是写作，愿意去记录路上的感受和每个地方不同的风土人情，甚至很多细小却打动人的故事。我最开始的标准之一就是这份分享是温暖真实的，所以它首先要能打动我自己。但是随着慢慢走得越远，需要创作的内容越多，会发现单纯情感式的分享会有些单调，于是我便开始调整，寻找一些有趣好玩的点来进行创作。比如说非洲，一开始我会去写他们的贫穷与善良这样大而正的话题，后来我会调整，去发掘他们会不会用化妆品、为什么总用竹签剔牙这样好玩的点。

我在内容制作的形式上，其实也遇到过瓶颈。一开始我是以写作和拍摄照片为主，后来发现受众不再单单地满足于

图文的呈现了。于是自己开始想着视频记录和视频分享，这样的转折其实很难，因为媒介不一样很多方式就都不一样了。好在自己慢慢探索，最后形成了自己的小团队，也开始生产自己的旅行视频。

Q：“北石同学”希望通过自己的经历或者内容向大众传递什么呢？

北石：其实这也是我一直坚持做旅行自媒体的动力，我希望通过我的自媒体，传递出来的更多是热爱，对生活、对世界、对自己的热爱。让别人看到后会知道，原来生活可以那样过，原来世界有这么多不一样，原来坚持一份热爱真的可以收获到意想不到的风景。所以我希望每个走进我故事的

人能够和我一起，爱我所爱，坚持到底。

Q：曾经的企业经验是否对你在自媒体人道路上有很大的帮助？你如何看待这个时代？当前的环境是否有利于自媒体人的发展？

北石：当然，我们要相信，这个世界上没有平白无故的果子，所有的收获一定是从一颗种子开始时就被一路影响着的。之前在企业我从事公共关系工作，这无疑为我之后的旅行带来了一些帮助，一方面的帮助是我从工作中学习到写作、策划等技能，另一方面也有认识了一些媒体朋友。所以，这个时代一定是一环扣一环的时代，任何人在其中都有着千丝万缕的关系缠绕，是好事也是坏事。

而我个人认为当前的环境对于自媒体人来说是最好的时候，你想一想，十几年前，我们获取信息都是看报纸看电视，而现在，我们不仅可以通过手机、电脑等各种渠道获取信息，甚至还能随时随地去生产信息。科技的进步和时代的发展给予了自媒体人无限的可能，所以在当下并不太存在“怀才不遇”这样的事，只要你有才华，一定能够找到展现自己闪光时刻的路径。一部手机不够，那就加一台电脑，如果还不够，那就再加一台摄像机。真正的才华一定是会被自媒体去放大的。

Q：如何看待自媒体乱象，比如抄袭、欺骗等？

北石：这是个最好的时代，也是个最坏的时代。我想这句话放在什么时候它都是正确的。时代赋予了我们很大的可能性，也催生出很多不太光明的事物，抄袭、投机、作假，等等。当然，这也不是一两个自媒体的问题，而是整个行业生态链的问题。对于数据的不切实际的需求、对于流量不分好坏的抢夺、对于利益不管真假的索取，从商业客户到媒体平台，从公关到自媒体，每一层都有责任。而目前看这是一个极其困难去改变的事情，别说自媒体，纵观整个时代，各种弄虚作假的现象都在发生。我们只能说，无法改变它，至少让我们试着去改善它。在创作时多一份真诚，在有流量时多一份担当，共同去推进整个自媒体生态链的良性发展。

忘掉流量和变现，去真正热爱旅行或许这些自然就来了

Q：现在“自媒体变现”对自媒体发展很重要，“北石”是通过什么方式实现呢？是否考虑新的方式？

北石：这是个永远都在讨论似乎永远都没有答案的命题。其实每个人的经历不同，方式不一样，在变现这条路上，各有各的道吧。我目前主要的方式就是和一些品牌商联动做一些活动，比如对航空公司的体验、对汽车自驾出行方式的宣传等，同时我也完成了个人著作《来自另一个世界的风》，也会有些版税收入。目前自己也在探索新的变现方式，毕竟时代变化很快，我们需要有更多的尝试，才能更好地拥抱这个社会吧。

Q：你平时和粉丝的互动方式是什么样的呢？对粉丝运营有什么经验之谈？

北石：有一些非常铁杆的粉丝都加了我个人微信，他们会通过我的朋友圈来了解我的一些信息。我只要有时间，都会去和各平台的粉丝互动，解答一些旅行攻略方面的问题。另外我在微博上还开了个深夜聊天话题，每天晚上十点我都会发一个问题让大家一起讨论，问题不局限在旅游，会涉及生活的方方面面，我觉得这样的粉丝黏性会越来越强，他们也通过这个聊天更了解我，我也更了解他们，甚至与他们当中有些人成为很好的朋友，我觉得是种很好的方式。

Q：看到“北石”的新书在做宣传，在这里给“北石”做个宣传，给自己的新书做个推荐吧？在写书回忆的过程中，有什么新的启发？

北石：在出发旅行时，我并没有想过一定要出一本书，只是心里隐隐有个不那么真实的念想，如果能够把自己一路的经历写下来，要是运气好，能够成一本书册该有多好。所以我一路上就一直在记录在写，而且路上有很多事情，一定

是当天写下来，那种感觉和体验才在。如果让我回到国内靠记忆去写，那感觉总觉得变味了。所以这本书，算是对自己旅行的一次纪念吧，也算是人生路上一件比较重要的事情。正如书中序言所写：“我知道有一天这些文字也会在风中被慢慢淡忘直到消失。而不灭的，是我们对于这个世界更多的热爱和对生活更多的憧憬。”我希望我们每个人都能保持着对这个世界和自己的热爱。

Q：对自己未来有什么展望？

北石：未知是最大的展望吧。我读高中时没有规划过我会去学地理专业，大学毕业时没有规划过我会去从事公关行业，在北京工作时没有规划过我要去环游世界，出去旅行时没有规划过我能成为一名自媒体人。所以，没有规划，随遇而安，或许是我的人生信条吧。

Q：现在的旅游博主越来越多，越来越多的年轻人辞职去旅行，你怎么看待这种现象，作为“裸辞”的旅游达人先锋，对年轻人有什么建议呢？

北石：曾经流行过一句话——说走就走。于是给了很多年轻人冲动，似乎辞掉工作、背上背包，就能一直去浪迹天涯。当然，我很鼓励这样的冲劲，肯定这种“说走就走”的勇气。但是“说走就走”在我这里永远只是一种态度，而不是行动，真正的行动，是在深思熟虑之后。辞职旅行前，我们应该想想，这样出去是为了什么，能够去收获什么，回来以后我还能干什么。如果只是一腔热血放弃工作出去旅行，很有可能回来后回不到原点，甚至跟不上这个社会。

所以我鼓励“裸辞旅行”，但不鼓励“盲目裸辞旅行”，任何决定，一定要为自己想好回来的路在哪。

还有一个关于大学毕业旅行的分享。从我个人角度，我并不太建议一个大学生刚毕业不工作甚至中途休学就跑出去旅行，因为那时的你还不是一个社会人，你不太知道这个社会的运转规则，以及你在这个规则下能够去做什么，扮演什么角色。你贸然放弃“应届毕业生”这样的黄金身份跑出去旅行，等玩了一年或者更长时间回来，如果不继续从事旅行行业，你会发现自己和这个社会是脱节的，这场旅行似乎并不太会为你在这个社会生存带来一些技能。所以，对于蠢蠢欲动的大学毕业生，我更建议毕业后沉下心好好进入社会去工作一段时间，等自己对自己有了一定了解，对社会运转有了一定认知，再带着自己的积蓄出发，我想收获或许会更大。

Q：对现在的旅行自媒体新人有什么建议?

北石：忘掉流量，忘掉变现，去真正热爱旅行这件事，或许变现和流量自然就来了。

吴佩：我不是韩寒第二，我做不到他那么洒脱

“自己是一个虚无的概念，只有把自己拿出去和很坚硬的东西去对抗，一次对抗，两次对抗。反弹回来的那个东西，你才知道什么叫自己。”这句话是山本耀司说的。我赛车是一个去对抗、去寻找自我的过程，和我做媒体是一样的。

25岁当杂志主编，靠的是狗屎运

Q：你从高中起的梦想，其实就是想进入汽车媒体工作，后来也顺利地加入了汽车媒体，并成为当时算是最年轻的汽车主编了。

吴佩：在汽车媒体圈子里，我应该算是国内最年轻的汽

车类杂志主编，我比较幸运，在25岁就做到了《汽车导报》主编，后来跳槽去《汽车杂志》，老板给的头衔也挺唬人的，都是总编辑、总经理这样的一些位子，那时候老板忙别的事儿，我也还不知道什么是害怕，就做到了《汽车杂志》的头儿，当时《汽车杂志》《名车主》都说自己是汽车杂志里的第一，反正还是本大刊了。

我这个人没什么远大志向，我在高中时就看一本杂志《汽车导报》，我喜欢这本杂志的风格，并且强烈地想成为其中的一员，后来我就真的做到了。

反正是很感谢这个时代，因为中国的汽车行业发展迅速，这样一个时代，带动了中国汽车媒体的发展，而我们刚好跟在这个时代的大盘里跑，这其实是一种幸运。

Q：进入汽车杂志公司的过程还算顺利吗？

吴佩：初生牛犊不怕虎呗，我从小除了喜欢汽车外，还很喜欢写东西，我到现在还经常给自己写点短诗。不瞒你说，我虽然是一个理科生，但是我语文是可以考到130多分的，而且我的作文一般都是59分、60分这样的状态。高中的时候我就跟着当记者的舅舅出去混活动，到了读大学的时候，我在校刊做主编，自认为写东西还不错，当时我就给《汽车导报》主编写了一封邮件，我说你们表达汽车为什么都是说明文，我们可以尝试其他方式表达。他同意我试试，正好在那个时间点中国汽车媒体缺人，很多汽车媒体人连标点符号、“的、地、得”都不会用，刚好我的专业是车辆工程，我就去做《汽车导报》的自由撰稿人。在工作中帮着出差、做很多采访……就比较早地进入了状态，我觉得是比较幸运的。

而且我挺能干还能吃苦，我到现在不太理解“996”怎么就炸了，我这十几年最幸福的时候也没“996”这么洒脱过。

Q：轻描淡写地描述你进到这个圈子的过程，很容易让当下很多年轻人觉得，这个圈子太好进了。

吴佩：老实说我觉得这件事情比较幸运，如果不干媒体我就去干汽车技术了，其实我车辆工程专业课学得很好，我大学的时候就帮老师代课了，大二的人给大三的师兄上课这事儿我干过。

后来，在我当了主编的时候，每年收到几十封求职简历，都是想做媒体的，但说实话，还是“的、地、得”不分，可能他们没遇上好时候，也可能是他们自己也没准备好，多少人都是冲着天天能开法拉利、宝马，冲着发朋友圈去的。

这对初入社会的孩子是一个很难抵挡的诱惑。

新媒体能有多少颠覆，还不是将经验换了种形式

Q：从传统媒体出来到成立自己的工作室，制作全新的汽车节目，你觉得这种形式算是保守创新吗?

吴佩：我算是一个比较创新的保守主义者。我在做一件事情的时候，是一个观察型的人，我对一件事情有必要的把握时，才会去进行一定的尝试，我不太认同一些颠覆性的思维，这也是我的一个特别大的弱项。

Q：会观察其他车评节目做得如何吗?

吴佩：说老实话，我做杂志的时候，我最不爱看的就是汽车类杂志，反倒更喜欢去看一些其他设计类杂志或者是生活方式杂志，*Monocle* 或者是 *Wallpaper* 我都爱看。

做新媒体这一行，我也没花太多时间看别人想做什么，看也看不过来，看完了也未必学得会，学得会也未必豁得出，豁得出也未必有那条件。因为我觉得在一个转型的过程中，谁都无法把握前面的方向是什么。可能是因为我能够求同存异，我相信每一个观点都是对的，每一种说法都有它的道理，所以很难去评价别人的想法。

我爸妈是老师，所以他们给我的一种生活观跟价值观的东西是，没有绝对的对，也没有绝对的错。所以看完一个东西，我会做一些综述或是总结，去把一些东西整理之后加上我自己的观点，或者借他人观点去表达出来。

所以这也是很多网友不太喜欢我们节目的原因，因为我们更多地去表达了一些内容本身。我认为在这个时代，“95后”“00后”的网友们更喜欢的是冲突，而不是听你讲故事。冲突我不是很擅长，这是我一个传统媒体人去做新媒体的时候，最不能适应的地方，我到现在也不能适应。

Q：你觉得你自己的车评节目跟其他的节目相比，区别在哪里？

吴佩：没什么太多独特的东西，汽车媒体都做这么几十年了，欧洲媒体做过，美国媒体做过，中国媒体做过。中国媒体现在又从纸面转换到互联网上来做，很难有人去跳出一个怪圈来。

汽车本身就是一个商品，不管你有多少的爱恨情仇，本身是在一件商品的范畴里，商品就是一个值不值得买的东西，所以我觉得回归到一个特别理性的状态里面，我真不认为谁会去把一件商品赋予那么多的情感娱乐的价值，如果有，那也不是我追寻的生活方式，人间那么多爱，你用一个发动机变速箱来承载自己的情感？

Q：会有人把你的节目当成竞品，来做一个冲突对比吗？

吴佩：有，还挺多的。本质上是文人的世界，经常有人批评我们。我以前觉得不好受，现在认为很正常，每个人都有批评我们的权利，我做内容就会被人批评，这很正常。

你知道吗，我一个做汽车自媒体的，还能经历谩骂和网

络暴力，是不是很刺激？这是我之前没有经历过的，杂志的世界还比较简单，写一封信过来，你写了一个错别字，其实我们也不会太在意，懒得管了，但是网络的时代，有时候这种暴力还是挺可怕的。

一开始还是会有点情绪，但是后来就一点情绪都没有了，我是觉得情绪这个东西没有价值，我们把太多的时间、精力都浪费在情绪上，那太没有意义了。

Q：其实我觉得有一些人的评论，或者说对于某些东西的批评是有参考价值的，有时可以从这些评论当中得到一定的启发与反思。

吴佩：当然有，比如现在有朋友跟我说，吴佩你应该这样去做，你应该那样去做。我觉得想法都非常好，我都非常想学习，但未必学得来。

我特别羡慕一些做新媒体的人，包括汽车里面的陈震。陈震的节目我挺爱看的，他表现得很洒脱，他的生活状态也是同样的，他活得洒脱，是真我。

初心本身就是一件不太纯粹的事情，也许是欲望的表达

Q：刚刚你说陈震的状态，在你看来比较洒脱，你目前是一个什么样的状态?

吴佩：我觉得陈震的状态洒脱，他们天生就是一种比较乐观，愿意去探索的状态；可能每个人都有宿命，我就是背负很重的东西来到这个世上的。我背负得有点重，闲下来的时候要去找点事情做，而不是去想我去哪里玩一玩。

我会强迫自己做的每件事都必须有意义，“有意义”这个东西其实反倒挺无聊的，所以我觉得自己活得挺无聊的。

Q：你现在更偏向于简单、简洁的状态吗?

吴佩：看到很多事情，看到了很多东西以后，可能没那么傻了，可能还有点痴。但是对于一件事情开始有很多面的观察，很多面的理解，你就觉得它可能就没那么简单了，不好下定义，不敢像少年时代轻易就偏激地下结论。

Q：开始“佛系”了吗?

吴佩：“道系”吧，我知道自己该做什么，也知道自己为这个目标放弃什么。十几年了，都在和别人一样生活，现在我喜欢自己把握自己的生活。比如，很多人都以为做媒体的人是特别热衷于社交的，但是我今年只吃了三顿夜宵，两顿是工作的原因顺便吃的，我长这么大也没去过几次酒吧，不喝酒，也没太多应酬，而且不太热衷于社交。我觉得我比较喜欢的状态就是自己回到家喝杯茶，看会儿书，睡觉。很多媒体人很喜欢在凌晨 3 点、4 点抽根烟才觉得有灵感，但是我一般很少夜里 11 点以后睡觉。

Q：你这个生活规律很好。我想你说的确实是这样，做媒体的很多人，他们会热衷于某一个圈子的互动，他们会通过这种互动获取到自己想要的一些资源，甚至是利益。

吴佩：对。我觉得资源对我来说不是一件特别重要的事情，或者说我认为社交并不能带来资源。我觉得与其去花很多的时间做很多的社交，不如静下来思考一下自己拥有的东西。

媒体人很容易看到万千风景，但一回头发现自己一无是处，那个时候人是会觉得很焦虑、很恐慌的。

所以我更愿意在做媒体，做汽车这个工作之外去给自己留下一些空间来琢磨自己，因为你会觉得只有那点东西才是留给自己的，而不是那些虚名。

我过了那个需要存在感的阶段。

Q：就像你刚刚谈的状态，其实更多是有点回归初心、回归本心的状态。

吴佩：我觉得初心本身就是一件不太纯粹的事情。比如我的初心就是想富，或者说我的初心就是想做一件我喜欢的事情，这都是一种欲望化的东西。

初心到底是不是一件比较高级的事情？我觉得未必，做初心，做来做去人就做得简单了，做得单一了。我觉得人慢慢成熟以后，事情没有那么纯粹。我们得去接受复杂，接受不纯粹。

Q：不过像你说的这种中间值，其实挺难拿捏的，很难去找这个度。

吴佩：不是谁都能够去成为巅峰，做到极致，我想去做成某一个行业里的巅峰，某一个行业里的极致，我想特别有钱，我想特别有地位，我想有爱……但是你得到很多也会失去很多。所以人的贪心越来越多，你就越来越变得尖锐。

这不太符合我的生活观，所以我更喜欢那些比较温润一点的东西，比如像喝喝茶，会让人慢下来一点，是一个安静的状态。

赛车也是挺安静的，我能从摇滚听出安静来

Q：你第一次赛车是什么时候?

吴佩：第一次正式赛车，是在2009年、2010年吧，坚持到现在。

现在很多朋友会和我说，吴佩，我想去赛车。我说没问题。但是朋友圈里真正坚持下来的，就只有两三个人。

Q：感觉赛车的过程是对人性的一种考验。

吴佩：是，每个人成为今天这个样子，背后的东西一定是你所没看到的。对于赛车来说，钱很重要，你舍不舍得每年花几十万，时间、精力……你要的不仅仅是训练，还需要你对于一件东西的毅力与勇气，以及你要去学习很多理论等。

所以每一件事情都不简单，做一个媒体人不简单，做一个明星不简单，做一个网红不简单，做一个车手不简单，这世界上没有简单的事情，就是说成人的世界没有简单二字。

Q：赛车对你来说是玩吗？还是你想通过它表现你某方面的价值？

吴佩：我不想通过赛车表达什么，他们说我是不是要做韩寒第二，怎么可能？我做不了韩寒的，没他快，也没他那么洒脱。我只觉得赛车是一件令我开心的事情，是我一直想做的，以前我一直认为这件事情可以放一放，等我更有钱有时间的时候再去实现。但是直到有一天我老丈人发现自己得了癌症，他从一个好好的状态到突然之间发病卧床不起，也就是几个月的时间。所以那个时候你会想，人生没给多少机会点，有些事情不去做，可能再也没有时间去做了。

如果一个人在 20 多岁的时候还没有在 F1 里面去崭露头角，他这辈子，也不会再有职业生涯了。我一个 30 岁的人去参加一场 F4 方程式的比赛，去跑的时候，其实挺感慨的，所以我觉得这件事情对我来说是一个很重要的里程碑，我用一个职业车手的要求，让自己跑比赛，这件事情我是很认真的。

Q：你在这个过程中享受的是什么？

吴佩：在赛车里面享受的是你可以去专注做一件事情，有很多朋友问我，在开车的时候你们是不是特别兴奋，特别狂暴，我说其实不是的，完全没有。因为你如果错过个刹车点，可能就撞车了，你可能就把命交出去了。所以在赛车里面，人是非常冷静的，你不能有任何错误，一旦发生错误你会出现很大的问题。所以这个过程是很谨慎的一个状态，赛车是一件很谨慎的事情。

Q：它会让你精神高度集中？

吴佩：是的，而且我以前认为赛车无非是要求精湛的驾驶技术，但是后来我认为它是对体能以及对智力的要求，但更多的是对于你的一个人性的突破。我在赛车里哭过，哭得稀里哗啦，我想比赛快点结束，因为跑到三分之二的时候，我的体能已经吃不消了，F4 下来我们一场比赛大概要脱水一公斤，如果在夏天比赛的话，我们的赛车服里体感温度能达到六七十摄氏度。

后来去 CTCC 的时候，你开始会有很多的人的接触，如果前面的这个人就是你的朋友，追还是不追？如果后面的这个人就是你的朋友，他把你顶出去了，你会认为他是故意的，还是认为他只是一个失误？竞争都不简单，我的职业、我的生活没有太强的竞争在，我觉得我在赛场上找到的那种竞争，是我开心的状态。

人类的痛苦起源于对自己无能的愤怒

Q：现在你是自己在做工作室，做车评节目，如果说自己经营的这部分，资金断链了，你不会出现焦虑吗？

吴佩：为什么会让它的资金断链呢？一定是想要的东西太多了，步子扯得太大了，所以还是前面那个问题，赛车为什么会失控，一定是你的能力没达到。王小波说过一句话，人类的痛苦起源于对自己无能的愤怒。

Q：我似乎听出来了，无论是做赛车、做车评或是处理事情，这些对你面对事情，在思路上、心理上都有一个很好的影响。

吴佩：我觉得反过来你是一个什么样的人，你在你的工作、文章、视频、待人以及赛车中，你的做法就会是这样子的。比较简单就达成的东西，一定是没有太多表达在里面。大家都喜欢一种比较浅的阅读，现在谁还看深度阅读，所以我们的东西，经常被网友们批评不够活泼，最核心的问题就是我不是个活泼的人，我是一个找寻意义的人，思考得比较多。

商务范：我有我态度

“商务”就是财经商务人群，“范”就是一种生活态度，我们所倡导的是有范有品的生活方式，而这两个结合起来，就是我们一直关注的。

我们希望我们对于生活方式的探究，是建立在有理有据的基础上，通过线索和材料分析出其背后的本质，而不是无根据地去揣测。

做选题要像猎手那样冷静、坚守、出手迅猛

Q：你曾经是新华社旗下的财经记者，是什么契机让你决定裸辞，有了创建“商务范”的念头？

商务范：在创办“商务范”之前，我在新华社旗下的《财经国家周刊》当记者。当时我是负责跑产经口的，所以有

机会采访到一些商界大佬，比如刘强东、陈年、王小川等，这使我对财经这个领域产生了很大的兴趣，也为现在做“商务范”打下了基础。

在与这些财经人士的接触中，我也注意到了他们生活中的一些细节，比如他们穿什么西装、戴什么表、住什么房子、开什么车。相比于专业性很强的财经报道，这些和生活方式有关的内容，在微博上也获得了更多普通读者的关注。与此同时我身边也出现了一些人，他们可能很有钱，但是不知道该穿什么、买什么品牌。我觉得告诉他们如何把钱花得更值，生活过得更有品质也会是一件很有趣的事情。当时微信公众号刚刚出来，我就开了“商务范”这个微信公众号。最开始做这个事情完全是凭借自己的兴趣，白天上班，晚上回去更新。慢慢地越来越多的人关注了“商务范”，在差不多有20万用户的时候，我觉得自己需要全身心地去投入这个事情，便辞职全职去做“商务范”了。

做财经记者，对我来说是非常重要的一段经历，它既帮我打开了新的世界，找到了兴趣所在，也培养了我对于选题的敏感性以及写作上的素养。

Q：从传统媒体走向新媒体，中间的过渡过程有哪些取舍和不适应吗？之前过着朝九晚五的生活，如今进入高速的互联网环境，你是如何快速适应新媒体工作的呢？

商务范：我觉得做自媒体这些年，我有了很多的转变。首先是做内容的视角发生了变化。以前很自我，就是一切都以自己为中心；现在是以用户为中心，那么所做的一切，都是为了解决用户的需求和痛点。以前我的视角是高冷的，做传统媒体的时候，我更多地考虑的是我想表达的，更多地想的是向读者“布道”。而现在会更多地站在用户的角度去思考，因此现在做内容，我更多的是一种服务的心态，解决用户提升生活格调的需求。

另外一个比较重要的转变是内容的转变。我之前做的是财经报道，在产业组，比较专业，研究的是互联网、地产、金融等领域。另外，我当时所在杂志还有副刊，是写文化领域的。于是我每天研究的是老舍怎么养花、《雷雨》到底有几个版本等，这些也只能和身边几个比较文艺的朋友交流。后来我转到新媒体部门，通过微博、微信的运营，迅速了解了大众到底喜欢看什么。同样是一个财经人物的报道，写他的生活要比单纯做行业报道更有流量，因此就有了选题的侧重点。我们后来写阿里上市马云逆袭的《今天你对我爱答不理，明天我让你高攀不起》，点评互联网峰会各位大佬着装的《马云、张朝阳、刘强东们，你们能不能把西装穿好？》，这些文章很快就刷爆朋友圈，有上千万点击。而且我们讲西装、讲表、讲包、讲豪宅、讲车的文章，也确实改变了很多用户的生活。

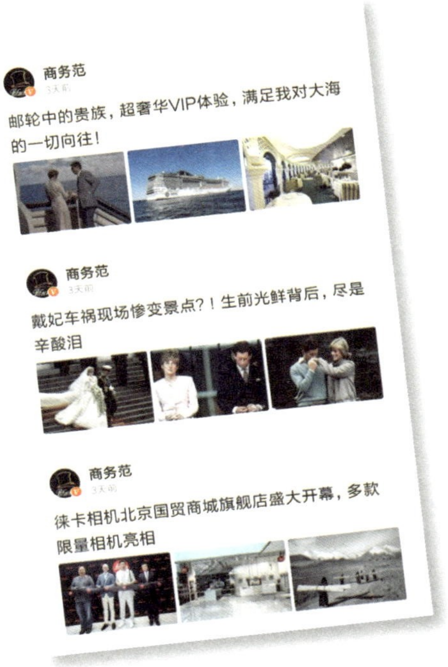

做新媒体这一行，忙是肯定的。之前我是一个闲人，经常去后海喝下午茶，下班后得看场话剧，没事就去音乐节逛逛。现在其实已经分不太清生活和工作，可能前一秒还在见人谈事情，下一秒就要去参加活动拍视频，可能中间还要掏出电脑改稿子。不过因为是在做自己喜欢的事情，忙也是一种快乐吧。

Q：之前看你提到过，做自媒体后，几乎全年无休，那么在工作之余，你会做些什么？

商务范：我是一个很宅的人，不工作的时候，主要就是做这样几件事：一个是睡觉，好好补充一下体力；另一个是看书。除了自己喜欢的文学类书籍，也会有针对性地看一些和专业相关的书，比如关于时尚，会看 *Vogue* 等原版杂志，《百年衣裳》，沈从文的《中国古代服饰研究》，鲁特泽尔的《绅士》等和服饰、生活方式有关的书籍；关于奢侈品行业，会看黛娜·托马斯（Dana Thomas）的《奢侈的》，拉哈·查哈（Radha Chadha）的《名牌至上》等；另外，一些商业人物的自传或传记也是我经常看的书，前不久因为要做桑德伯格的话题，于是便读了她的《向前一步》。还有一个就是逛街，不过现在逛街我已经分不清是休息还是工作了，因为在逛街的时候也会不由自主地去研究现在的品牌，通过买买买的经验去思考有没有可以做的内容。

Q：谈到“商务范”做内容的方式就是“热点＋生活方式”，那么你认为生活方式和八卦的界限是什么，如何取得平衡?

商务范：我觉得生活方式的落点，是在实际存在的东西上。比如我们去讲大佬的生活方式，最后会落在他们怎么穿西装、戴什么腕表这些具体的内容上，既传达出生活态度，比如生活可以过得更加精致，也会普及生活中的好物，比如我们会通过马云参加活动穿盟可睐（Moncler）和加拿大鹅（Canada Goose）羽绒服这件事，深度科普测评，为大家“种草”。这样的角度也会引出不少趣文，让话题不再枯燥。同时也会有自己的态度，对于一些和主流价值观相背离的现象，比如炫富，也应给予相应的讽刺和抨击。

如果只讲八卦这个词，可能会带有一些主观推测的色彩，但我们希望我们对于生活方式的探究，是建立在有理有据的基础上，通过线索和材料分析出其背后的本质，而不是无根据地去揣测一些东西。

Q：2016年《赵薇、胡歌、佟丽娅去人民大会堂开会，穿成这画风我竟没认出来》一文一经发布，立刻引发了网友们的热烈讨论及广泛转发。阅读量一跃上百万，明星出席正式场合的服装盘点，本来是非常冷门的话题，然而“商务范”

却能独辟蹊径，迅速关注到热门话题中的冷门场景，让人产生对这个话题的阅读欲望。你认为应如何培养选题的敏感？如何从冷门话题中寻找热点？“商务范”的选稿标准是什么？

商务范：我觉得做选题的时候就要像一个猎手那样，冷静、坚守、出手迅猛。

冷静——每天都会有各种各样的热点，因此我们在面对这些热点的时候，首先需要有一个冷静的思考。这个话题有热度吗，适合我吗，资料足够吗，有没有别人没做过的角度，等等，都是需要思考的问题。比如娱乐话题，有一些纯八卦的就会被我们过滤掉，有一些我们会找一个适合的角度，比如“开会”这一篇我们关注的点是明星穿衣风格的变化，资料也足够，于是便决定做了。

坚守——热点的话题一直在变，但是你所关注的领域应该是持续的、坚持的。比如穿衣搭配就属于我们一直关注的生活方式的领域，因此热点一出来，很快就能找到最适合自己的角度。

出手迅猛——热点来得快去得也快，因此做内容必须快狠准，找到合适的角度，立刻执行，集中所有的精力去攻这个选题，抢在其他人的前面把内容做出来。

我觉得要找到热点中的冷角度，最重要的还是做自己。有些角度对别人来说是冷门，对于我们来说，可能就是最熟悉不过的热点。比如每年的互联网大会，别人也许会关注大佬们说了什么，但是我们关心大佬穿了什么，对于其中一些人甚至已经持续关注了几年；比如今年世界杯，大家都在关心比赛怎么踢、都去了哪些球星的时候，我们关注的是各个球队都穿了什么牌子的西装、背的什么牌子的包，写了一篇《世界杯各队穿啥西装？德国 Boss 配小白鞋，英格兰西装几百块，法国 2 万高定……》，各大平台的流量加起来也近百万了。因此热点一来，很多长期积累的东西就会迅速联系在一起，形成典型的带有商务范风格的文章。

“热点 + 生活方式”可以让我们得到无限的话题和发挥的空间

Q：“商务范”之前陆续出了许多篇爆文，例如《马云、张朝阳、刘强东们，你们能不能把西装穿好？》，吐槽互联网论坛上各位大佬的正装品位，这篇文章在互联网大佬圈也引起了热议，这些文章引发的热议对今后“商务范”的发展方向是否有影响呢？

商务范：可以说有，也可以说没有。从没有的角度来说，这篇文章写的，正是我们长期以来一直关注的东西，得到一些大佬的热议，也是一个自然而然、水到渠成的过程。当然这篇文章的火爆也帮助我们认清了我们的人群真正喜爱的话题内容，更坚定了我们的信心，而这也可以说是这篇文章对于“商务范”发展的一个很大的影响了。

Q：“商务范”有过没有内容可产出的苦恼吗？是怎么解

决这个问题的?

商务范：做什么话题，这的确是一个很令人头疼的事情，可以说我每天早上一睁开眼就开始想这个问题。好在我们通过“热点+生活方式”的方法，可以得到无限的话题和发挥的空间，我可能会花更多的精力去寻找适合我们的那个角度，以及如何把内容做得更好看。

Q：你是如何培育和管理自己的粉丝团的?如何才能做好粉丝画像，如何了解自己的粉丝？

商务范：我觉得在一个领域一直往好了去努力，自然会有自己的追随者。而我们对于用户画像的研究，除了平台提供的数据，还可以从这三个方面来了解用户是怎样一群人，总结一下就是：看内容、搞活动、卖东西。

看内容——“物以类聚、人以群分”，每个自媒体都有自己关注的领域和调性，因此聚集的用户在一定程度上也是认同这个公众号所创作的内容以及传达的观点的。因此，从内容的角度出发，我们可以通过用户的喜好，来大致判断出他们是怎样一群人。比如“商务范”的内容主要做的就是“职场+时尚”，关注品质生活方式的方方面面，比如汽车、腕

表、珠宝、时尚，等等，“商务范”正是通过这样的内容吸引了中产阶层的用户。

搞活动——同用户在线上线下进行互动，也可以更加准确地认识他们是怎样的一群人。比如我们就曾经在线上和用户互动，去晒自己的包、车钥匙、腕表等，这些活动也让我发现我们的用户非常有消费力，比如有一位用户就晒了自己的 9 块宝珀腕表，还因为看了我们的文章买了十多件博柏利（Burberry）、几十双巴利（Bally）。

我们也会组织用户进行一些线下活动，比如宝珀腕表鉴赏会、香奈儿体验展专场等，我们发现他们本身就是很多品牌的 VIP，具备强大的购买力。让我印象深刻的是，有一个上高中就关注我们的用户，他报名参加我们的一个线下活动，当时觉得他还在上学，可能只是随口一说。后来我发现，他虽然年纪小，但已经收藏了各种名表，一坐下来能和你聊爱马仕怎么配货。通过聊天，我们发现现在也有很多越来越年轻的用户已经更懂得如何消费了。

卖东西——我们最近也做了个小程序商城叫作“范精选”，这也让我们能通过用户的购买习惯了解他们的个性，比如他们喜欢买大货，上年冬天加拿大鹅（Canada Goose）卖到脱销，爱买大牌基本款，比如葆蝶家（Bottega Veneta）的手包、博柏利的围巾、菲拉格慕（Ferragamo）的腰带都是复购率最高的商品；另外小程序也有更详细的用户数据分析，比如年龄段，我们商城的用户就是以 30 ~ 35 岁消费者为主，苹果手机使用者占了 60%，地域集中在北上广深包邮区等。

Q：你之前提到“招人像恋爱，看对眼了就在一起”，那么你可以形容下自己的团队吗？另外，带领团队有什么经验之谈？

商务范：如果要我形容我的团队的话，我觉得我们就是一群有共同兴趣爱好的人走到了一起。他们对于我们关注的腕表、珠宝、航空、汽车、酒店等方面，有着丰富的体验，有的甚至还是奢侈品牌的VIP。他们虽然学科背景都不相同，有的学的是珠宝设计，有的学的是工商管理，有的读的是财会专业，有的学的是图书编辑，甚至还有法学和声乐，但不论专业背景如何，他们都很有才华，对于做新媒体这个事情是很有兴趣的。

带领团队我觉得有三个要点：发挥特长、将心比心、雷厉风行。重要的是要发挥每个人的特长，让这个团队更加高效地运转起来。而在团队的日常管理中，我觉得将心比心，以一种更为人性化的方式进行管理也是很重要的，但是在做决定的时候一定要果决，不能拖泥带水。

Q：“商务范”很早就开启全平台矩阵模式，在各大平台上都能看到范主的身影，在越来越多样化的平台渠道下，一个高度垂直的自媒体如何在这些平台中去做内容布局呢？

商务范：要深耕，精耕关键的平台，同时也要去研究这个平台的特性。比如“一点资讯”对于我们来说就是一个重要的传播平台，我们的很多内容也在“一点资讯”上收获了很高的流量。

Q：现在“一点资讯”也在打造生态流量，与更多平台合作，你如何看待这种矩阵模式和生态流量？利弊又在哪里呢？

商务范：生态流量实现了不同平台之间、产品后台的全面打通，以及在算法、产品方面的优化，而这也意味着更多的曝光机会的到来，同时，内容被阅读到的场景以及人群也会相应扩大，对于入驻平台的自媒体来说，是一件好事。

商业文案也可以很有人情味

Q：自媒体变现一直是很头疼的话题，你最初是做财经记者起家，能谈谈当前主要盈利模式是什么，现在加入一些新的盈利模式了吗？变现期间是否有什么困难，你是如何解决的？

商务范：目前广告还是最主要的盈利方式，去年开始也尝试了电商这种形式。如果说困难，可能还是早期品牌对于新媒体这种形式本身是陌生的，从一开始的不认可，到现在的熟悉，它们在其中也花了很多时间去适应这种新的形式。而我们在其中扮演的角色，更多的是通过我们的努力去帮助这些广告主更多地了解认识新媒体。

因此，最重要的还是要精耕好自己的内容，圈定固定的人群，做好这两件事，通过广告推广来变现是可以自然发生的。

Q：商业合作文案如何保持可读性?

商务范：我们在做推广文案的时候，会非常注意下面这几个方面：(1)“99% 的干货 +1% 的推广”。很多时候我们去做推广，不是说简单粗暴地去推一个广告，而是通过一个有话题性的干货内容，引导读者更为深入地阅读。比如我们之前给保时捷汽车做推广，不会一上来就讲车怎么样，而是设计了一个话题——“长相一般的男人如何当男人”，通过不同的方面，比如衣品、发型、配饰、装备等多个方面来解析这个话题，最后将保时捷作为“变男神”的终极利器推出，话题有趣，推广部分的带出不违和，取得了很好的效果。

(2)有温度的推荐。有的时候去推一些产品，我们会自己先进行体验，我们用过觉得好的，会结合自己的感受推荐给用户。比如之前和摩纳（Moynat）合作推荐包包，我就会结合自己对于摩纳的理解和个人感受告诉用户为什么喜欢这个包包，也会放一些自己包包的照片，让推荐显得更有人情味，而不是那么冰冷。

（3）更加深入的体验。所谓体验，就是身临其境，去到现场，给用户带来第一手的资讯和感受。比如我们会去体验世界上各大航空公司的头等舱、商务舱，之前海南航空大飞机首飞、直飞拉斯维加斯的航线首飞，都是全程体验，除此之外，还体验了米其林大厨做的飞机餐，以及 VIP 候机室等一系列配套设施，以带给用户一个非常直观的感受。

再比如宝马汽车 100 周年的时候，品牌请我们去他们慕尼黑的总部参加百年庆典。当时印象特别深刻的是有一群宝马老爷车的车主，开车带我们在乡间的小路上飞奔，其中有一位老车主，买了六款一模一样的老爷车，原因只是担心自己的爱车日后坏了买不到配件。这样的见闻给用户带来的感觉会是非常生动的。

比如我们和瑞士顶级腕表品牌宝珀合作，带了一个用户去到宝珀在汝拉山谷的机芯工厂，近距离地观赏机芯的工艺，甚至可以自己动手体验打磨鱼鳞纹。在这个机芯工厂里，我们还遇到一位画珐琅的大师，之前是在卢浮宫画陶瓷的，他需要好几个月才能完成一件作品，而他就这样日复一日年复一年地画着自己的作品，诠释了匠人的用心。而以这样的形式，带用户深入到日常生活中很难接触到的地方，不仅给他们带来的信息是全新的，背后的故事也更能体现出品牌所想要传达的精神。

再比如之前我们和积家合作，我在威尼斯电影节走了人生中的第一次红毯。所以当推广文案形成的时候，讲述的实际上是我准备这次红毯的一个心路历程，比如怎么练习、开幕前紧张的心情、走完之后发现的一些小注意事项，而积家的腕表则穿插出现在其中。这样的体验对于用户来说，会比较新奇，同时也结合了人格属性，讨论度会比较高。

Q：在内容变现方面，成本和产出考虑是怎样的？对于这种成本相对较高，你是否产生过对于内容方面的焦虑？

商务范：想要做出好内容，除了踩中热点、写出自己的特色，有时候也是需要花一些成本的。像“商务范”主要是做中产阶层关心的生活方式方面的内容，这就需要对于飞机、酒店、奢侈品等有着比较丰富的体验，可以说我们的不少文章是通过购物写出来的。比如我们去国外的时候经常会去当地知名的购物街购物，比如米兰的埃马努埃莱二世拱廊街、巴黎的协和广场、纽约的第五大道、东京的银座等，用自己的真金实银告诉用户哪些值得买，哪些怎么买最划算。

另外，我们之前还做过一个视频节目叫作《大牌捉妖记》，在第一期的节目里剪了一只市场流通价 10 万元的正品爱马仕铂金包（Hermès Birkin）和一个价值 3 万元的 A 货，告诉用户真假爱马仕的差别到底在哪。后面我们还拆了一个价值 6.5 万元的劳力士手表，烧了价值 1 万元的路易威登奈福包（LV Neverfull），等等。对于这样既有话题度又有干货的选题，为之付出一些成本还是非常值得的。有时候付出的还不一定是钱，比如前不久拍鉴定日默瓦（Rimowa）行李箱的时候，我的鼻子就被弹起的机关弄伤了，做这个还是有一定风险的。

Q：对于“商务范”的未来有什么预期?

商务范：其实对于“商务范”的未来，我还是希望我们能够扎根做好内容，更多地去解决用户的需求，让“商务范”在未来依旧能够稳健地发展。

Q：今天在外界看来“商务范”已经小有成绩，你对从事新媒体的新人或是当前处于困惑中的自媒体人有什么建议?

商务范：我觉得最重要的还是找到自己喜欢的事情，并且坚持做下去。比如我从小就喜欢文字，想成为一个主编，因此就来到北京做了记者，后来又创办了“商务范”，算是实现了自己的一个梦想。兴趣是最好的老师，但是做一件事情，最关键的还是坚持，我做“商务范”5 年了，只有第一年有两次没有更新，一次是因为微信的服务器故障，一次是因为到家太晚已经过了午夜 12 点，之后每年都是 365 天不间断。

除了坚持，不断地学习也很重要。为了把一个品牌研究透，我不只自己会去买这个品牌的东西，甚至还会去到它诞生的地方，去探究其中的本源。每一次体验的过程，对于我来说都是学习的过程。有时候人在国外，还要顾着国内“商务范”的更新内容，经常每天只睡两个小时。虽然辛苦，但是值得，同时这也让我感悟到，在坚持做自己擅长的事情的同时，也要不断地跳出舒适区，去应对各种不同的挑战。

老鼠皇帝首席村妇："环球旅行"不仅是梦想更是早已设计的生活方式

写作源于对生活的设计，也许正是你的梦想会为你开拓新的事业，而生活阅历就是你通往成功的垫脚石！

也许你看到了他们的成功，但你忽略的是，他们在起跑线就有了想法，并一直努力着。

按照自己的喜好慢旅行，而不是满满全是商业化的旅游体验，如此才能让旅行的初心和梦想得到更坚定的守护。

旅行不只有风景，也有刻骨铭心的爱情

Q：两位最初的职业跟旅行家根本搭不上边，是什么原因或者契机改变了你们的职业方向，成了旅行家呢?

村妇：与其说是改变职业方向，不如说是一种顺其自然的水到渠成。因为无论是对“老鼠皇帝”还是“首席村妇”来说，“环球旅行”都不仅是梦想，更是一种早已设计好的生活方式。虽然我们两人无论是年纪、性格、思维模式等都相差很大，但心底都回响着一个声音：去全世界看看，并且一直在为此努力。

皇帝：我的人生经历比较丰富，这也是为旅行事业做的积淀。高中毕业后，我以知识青年身份上山下乡当农民，3年后被贫下中农推荐当上了工农兵大学生。恢复高考后的第二年，我又凭自己的努力考上了正规大学，毕业后成为一名高校教师，在大学工作期间被国家选派去德国一所大学做了3年访问学者，回国后不久摔了铁饭碗下海做外贸，最终彻底变身自由人。其实，我的环球自助旅行从1990年就开始了，我的第一次自助旅行是从西德去东德。从1995年开始，我每年几乎大半时间都在从事自助旅行和登山徒步等户外运动，这一切都为后来的自助环球旅行做了准备。

村妇：大学毕业后我在一家法资药企工作，待遇很好，月收入几乎是同学们的3倍。我原计划35岁退休，去周游世界。然而，“老鼠皇帝”发的一个帖子提前激活了我的梦想。

2008 年 1 月，他在一个大门户网站的旅游论坛上发了个帖子，标题是“想找一个志同道合的女孩儿周游世界”。一开始我的想法比较简单，和爱情没关系，就是觉得遇到想法一样的人很难，慢慢发现两人三观比较合得来，决定一起为梦想的实现努力一把！就这样，我选择了裸辞，义无反顾。我的计划整整提前了 10 年，在 25 岁的时候就要去做和梦想有关的事情！

Q：什么时候开始萌生了环球旅行的想法？

皇帝：我的十个指尖上共有 8 个“斗”（全部封闭的同

心圆叫作“斗”）。小时候，妈妈时常掰着我的双手念叨“七斗八斗遍地走”，是说我的手相决定了我将是个行者。也是从那时起，我就有了旅行的想法。坚定想法并开始落实是在 1991 年，我 36 岁，在德国帕德博恩大学做访问学者。我发现自己所在的课题组常常有人连续数日失踪，一问方知人家是度假去了。要知道，当时的中国人几乎连“度假”这个词儿都鲜有听闻。我的自尊心被深深刺痛，于是就默默发誓要周游世界。

村妇：环球旅行的想法在我很小就有，我小学时的日记里列了一长串的梦想清单，其中就包括环球世界和出书。很幸运，几乎都实现了。

Q：两位是否是因旅行而结缘呢？是爱情让两位最终走到了一起吗？

老鼠皇帝首席村妇：我们是因梦想相识，因爱情走到了现在。可以说，若不是因为对旅行的热爱，我们不会认识，但还真不是在旅行中结缘的，而是通过网络认识的。

最初，“皇帝”在某知名网站的旅游频道发了一个英雄帖——《找一个志同道合的女孩儿周游世界》。除了介绍自己，表达周游世界的强烈意愿，论证了可行性，还列出具体的条件：年龄在 26 ~ 35 岁、健康美丽、有相当高的文化艺术修养和生活品位……这种事儿看起来很缥缈的，若遇到一个更加缥缈的主角，就能定格成一出香艳俗事。很多人遇到想不明白的事儿会猜测或选择忘掉，但“村妇”的做法是直接揪出始作俑者问个究竟，几番电话交锋后，“老鼠皇帝”飞赴杭州与“首席村妇”相会。半个月后，村妇在很多人的扼腕叹息声中毅然辞掉了排名全球前几位的外资独资企业的理想工作，奔赴深圳。

就这样，两人开始上演环游世界的人生大戏。从一个缥缈的网络帖子到牵手共图大业，只用了短短 50 天时间。很多人觉得这样的组合就是个异数，年龄的差距，阅历的不同，喜好的迥异，任何一个因素都可以成为摧毁爱情的重磅炸弹。虽然岁月给了我们不同的一张脸，却给了我们相同的一颗心，对生活的热爱和对远方的渴望弥补了一切天生的不完美。

坚实的经济基础才能确保我们走得更远、更深入、更淡定

Q：两位是国内唯一一对全职旅游夫妻，一边旅行一边赚钱其实是件挺难的事儿，两位如何保障自己可以有充足的旅行经费?

皇帝："村妇"是金牛座，我是摩羯座，作为典型的土象星座，我们从不打无准备之战。我是比较专业的独立投资人，只要有手机有电脑，就可以边行走边投资理财。另外，自助环球旅行也让我们对外在世界和生活在别处的人们的观察很深入，开阔了我们的视野，让我们对大趋势的把握更敏锐更准确，这对投资理财是有帮助的。其次，我们是非常勤奋的自媒体人，会将旅行途中的所见所闻所思记录并发布在很多自媒体平台上。10 年下来，我们写了 2800 多篇博客，总计超过 500 万字；出版了 4 本书，还在平面媒体上发表了很多

文章，有一些稿费收入。由于粉丝和名气的积累，也会经常被邀请参加各种旅行体验、专题演讲、录制电视节目等，甚至还有文旅地产开发项目找到我们去做顾问。

总之，投资理财的收入加上自媒体和旅行相关的收入基本上能够覆盖我们的旅费。坚实的经济基础才能确保我们走得更远、更深入、更淡定，对很多广告赞助之类的诱惑可以有拒绝的底气，可以按照自己的喜好慢旅行，而不是满满全是商业化的旅游体验，如此才能让我们的初心和梦想得到更坚定的守护。

Q：两位是如何定义自己的旅行的，旅行的意义是什么？

皇帝：我们一直定义我们的旅行是“爱在身边，家在路上”。旅行，尤其长途旅行非常考验两个人的三观和情商，这也是真正的行者（旅游体验师除外）绝大多数都是独行侠的重要原因。从 1990 年到 2008 年，我多数是一个人旅行。2008 年之后，我萌生了新的想法，我想把环球旅行作为一种前无古人的生活方式和一场中外罕见的人生实验来度过。我希望自己的余生都在路上，在这里，“余生”的“生”不是指生命而是指生活。一个完整的生活怎能缺少爱情和亲情呢？我在网上公开发帖，就是希望找到一个灵魂伴侣和我一起看大千世界，创造一场生命奇迹。但我没有说明是找爱人，因为长期在路上对女性而言是非常大的挑战，当时并不敢抱太大希望。

村妇：皇帝的心态堪称“佛系钓鱼法”。“命”这个字很有意思，上面是一个人，下面是叩问的叩。我理解的生命等于是一个人生下来后，死去之前要不断地去叩问天、地、人，而对话的多与寡、深与浅，则决定了我们生命的走向，是走向厚重还是轻浮，是走向丰富还是寡淡。古人讲行千里路，破万卷书，对我来说，人生最美好的过法，一定是坐而论道笑谈古今鸿儒，行者无疆看尽山山水水。旅行是生命的一场盛宴，我们不带任何观点和预设地去遇见那些生活在别处的陌生人，去感受他们的活法，挖掘他们的人生故事，然后以此滋养和丰满自己的灵魂，从而实现活出几辈子的感觉。

勿忘初衷，保障质量，就不存在内容瓶颈

Q：很多人好奇，两位为什么起名为“老鼠皇帝首席村妇”？如何定位自己的自媒体账号？

皇帝：我的网名是2005年时深圳某网站的小编起的，当时我在该网站的ID是“ratpetty”。我那时经常一个人自由行走，而且是边走边分享一路上的快乐生活。网友们觉得我活得很逍遥，像一个皇帝，加之“rat”是老鼠的意思，于是就给我起了“老鼠皇帝”这个名字。

村妇：我的名字是“皇帝”起的。他说行走江湖得有个有趣的名号，跟“皇帝”行走世界，若起一个皇后公主之类的名字太土太没互联网精神了，也不好玩，一定要有强烈对比。所以就叫我“村妇”，我自己加了“首席”两个字，土

就土到极致。

皇帝：“村妇”前面加“首席”二字也是为了跟“老鼠皇帝”的四个字对称，而且颇有深意：传统意义上，“皇帝”地位最高，在前面加“老鼠”二字，显得谦逊不张扬；“村妇”地位较低，加上“首席”就高大上了，就配得上“皇帝”了。

Q：“老鼠皇帝首席村妇”这个账号最大的特点是什么？最吸引人的地方是什么？

老鼠皇帝首席村妇：最大特点是它告诉人们这是一对夫

妇，他们正在以家庭为单位做自助环球旅行。我们希望在“以家庭为单位、夫妻同行”环游世界这个领域做中国甚至全世界玩得最好、最久，甚至是前无古人的一对夫妻。说句大话，“老鼠皇帝首席村妇”这个账号就是在记录历史。我们有很多老粉丝，从一开始就关注我们，10年了，他们仍在坚持，应该不仅仅是在看游记，更重要的是在看我们的生活状态和心路历程，见证一个伟大梦想的实现，这也是最吸引人的地方吧。这也是做自媒体人最有趣的地方，你不仅仅是在输出，而是在和粉丝一起经历一起成长。

Q：在运营自己的账号上有什么独特的经验吗？如何创造“10万+”的优质文章？

老鼠皇帝首席村妇：我们俩的自媒体账号有非常独特的特点，在国内估计也是极为罕见的，包括：一、夫妻共用一个号；二、我们的自助环球旅行以人文交流、人物故事和我们的自身体验为主；三、我们的文章中会包含一男一女两个人观察事物的视角和对待事物的观点、态度；四、我们的文章是完整记录一个中国家庭在路上的生活；五、100%的自助旅行方式能让我们看到、听到、体验到很多人看不到、听不到、体验不到的东西。

我们从来不以“10 万 +”为目标去写一篇文章，我们坚持好内容为王，也确实写出过一些爆款文章，最高一篇阅读量近 700 万，视频点击量超 300 万。

那什么是好内容呢？一、有料。有料是指必须有内容。我们每篇博文都言之有物，会去认真分享我们在别处看到的或有趣或独特的存在。比如，写景区就要道出有哪些漂亮的、独特的景点。写山本身很容易词穷，但如果开大脑洞，去挖历史、挖民俗、挖人物故事和与节气相关的东西等，丰富内容，也容易与其他地点区别开。二、有态度。借势、跟热点是惯用的玩法，但如果只是简单粗暴地叙述，既无法做到曝光自我，也无法取得好效果。正确的做法是结合我们自身特色去进行融会贯通，然后加上自己的态度和观点，去进行升华。说实话，现在的读者从某种程度上来说其实是很懒的，他们不愿意去主动想观点。如果我们的文章有观点有态度，无论是赞同还是否定，读者都会顺着我们的逻辑思考下去，这样的文章远比平淡无奇的文章好看得多。三、好看。好看包括两方面，一是写法有趣，我们要用大家喜闻乐见的方式去表达，并最终形成自己的风格，比如故宫的系列文创产品。

其次是排版，这一点我们做旅游自媒体的应该是强项，因为有大把的美图可以用。再注意一下将段落进行划分，不要太长，再将长句打散，利用更多短句的做法，都是符合当下的阅读习惯的。

Q：自媒体发展过程中遇到的最大的瓶颈是什么？有什么好的解决方式吗？

老鼠皇帝首席村妇：我们的主旨不是做自媒体，只是以自媒体的形式记录我们自助环球旅行和分享我们的生活态度，所以没有瓶颈。像纯做自媒体的人所遇到的诸如没流量就赚不到钱、没活动邀请创作动力会渐渐减退这些烦恼，在我们这里都是不存在的。我们唯一做的就是坚持写好内容，虽然未成为超级大网红，但是做成了老不死号，而且在业内享有很好的声誉，在 2015 年还被评为中国当代徐霞客，这些就够了。

Q：觉得自己最大的优势是什么？

老鼠皇帝首席村妇：首先，可以通过旅行发掘出很多更深层次的东西。我们的英语很好，“村妇”很有亲和力，口才又好，“皇帝”能用多种乐器演奏很多中外名曲，这些技能可以帮助我们在自助旅行中挖掘出很多更深层次的东西。其次，常年的运动和锻炼使得我俩的身体非常强健，意志力也非常好。凭借身体资本，我们能在尼泊尔安纳普纳高原（最高海拔 4300 米）连续多日徒步攀登，在非洲和南美这类不发达区域连续旅行数月，在日本百年不遇的大雪中徒步穿越林海雪原，在 50 多摄氏度高温下徒步穿越腾格里沙漠，在贝加尔湖徒步穿越中战胜所有中俄强将拿下第一名，等等。此外，我俩的写作能力不差且能互补。“80 后”学文科的“村妇”，风格更活泼更有文采，“50 后”学理科的“皇帝”则具有很强的逻辑演绎和总结概括能力。最后，男女观察事物的视角不同，对同一件事物的认知会有区别。二者互补，使我们的文章更

全面更准确更有趣。

IP 衍生品不只是做电商、接广告

Q：老鼠皇帝首席村妇已经是一个 IP，自己也出了书，是否会围绕这个 IP 衍生出来其他周边产品或孵化其他的项目?

老鼠皇帝首席村妇：旅行自媒体常规的发展路线可能是做电商、接广告或带队出行等。但我们不是，我们吸引来的是另外一些初看和旅行完全不搭边、细究却非常合拍的资源，我们参与了乔戈里冰川水的原始投资，这与我们亲近和尊重自然、奉行绿色生活的理念很契合；我们与拾得大地幸福集团多次合作是因为多年旅行让我们深知文旅产业的发展前景是光明的；又因为我们独特的、超前的生活方式和态度，我们还被邀请成为乐领集团的天使股东和首席全球体验官，这个集团今后将在全球建设 200 余座乐领庄园。

自媒体人的最高层次不是赚多少钱，而是把自己做成受人尊敬的人。你把自己经营成什么样的人，自然会吸引来什么样的资源和人来跟你对接。当一个自媒体的主人被公认为是一种超前的新生活方式代言人时，新生活方式的落地产品自然会来找你。所以，无论是做自媒体还是做人，眼光都不妨放长远些。

Q：当下的环境中，你觉得旅游类自媒体发展当中最大的困难或者影响发展的因素会是什么?

老鼠皇帝首席村妇：眼下的旅游自媒体还处于一个野蛮生长期，可以说泥沙俱下。比如，有些自媒体不在深度行走和努力认真分享上下功夫，而是过度热衷于炒作，单纯追求短期经济利益，并无长远发展目标，甚至毫无原创精神和版权意识恶意抄袭等等，这对行业的发展都是硬伤。

我认为自媒体发展最大的困难有两个：其一，无法定义什么是真正的自媒体。如今有的自媒体号实际上已经是完完全全的公司团队运作，让真正的自媒体人在竞争上处于先天劣势。其二，各平台为了流量而不重视内容，对那些抄袭造假甚至买粉做数据的行为视而不见，甚至是推波助澜。用算法决定推荐力度也有弊病，因为机器只是根据关键字和数据做推荐，无法对文章作者的价值观做出判断。

所以，我们真心希望各大网络平台守住道德底线，以良知和社会担当为己任，真正扶持那些踏踏实实行走、认认真真分享的旅行自媒体，用良币驱逐劣币，而不是相反。

Q：对于正在内容创作的路上及想要踏上这条路的朋友们有什么忠告或经验分享吗?

老鼠皇帝首席村妇：扎扎实实行走，认认真真分享，别太在意短期利益。如果你想要确立在行业中的地位，必须耐得住寂寞，受得了冷落。时间会证明一切，潮退了，谁在裸泳一清二楚。

师义龙：用滑板穿行，用镜头记录人与城市的关系

每个人都憧憬着自由洒脱的生活。我对于自己喜欢的不言累，热爱的不放弃。拍视频就是要告诉大家如何去玩，怎样去买装备。

我虽非科班出身，也将这份工作做成了自己热爱的模样。以后的目标还是如初，做好自媒体，有更多的人通过我的视频了解滑雪，爱上滑雪，这就足够了。

人们总是觉得“中国国家队”这几个字，格外耀眼，对它好奇得不行

Q：如果说用三个词来形容你自己的定位，你觉得是什么？

师义龙：如果用三个词来形容我的话，我觉得应该是坚持、完美主义者、典型白羊座。坚持，是因为我之前是一名职业运动员，所以漫长的运动生涯带给我最大的收获就是坚持；完美主义者，是因为在我练习动作的时候，会把每一个动作练到极致，有可能我会的动作并不多，但是我会的一定要练到最好！最后，典型白羊座，大家都知道，就是有冲劲，执行力强，想做什么就立刻去做！

我之前是一名职业的直排轮运动员，这段职业生涯大约有六年。说到这儿的话，可能就有点小骄傲了，因为当时我是我从事那个项目的第一个站上领奖台的中国人，所以我也是因为那一场比赛进入了国家队！

Q：是哪一场比赛还记得吗？那个时候你年龄有多大？

师义龙：我记得应该是2007年，2007年的一个亚洲锦标赛！当时大概有十八九岁。其实像直排轮这项运动，它算是一个民间运动，目前好像有一些项目已经入奥了，但是像我玩的那些项目目前还属于非奥运动，所以对年龄没有一个特别大的要求。其实我更多还是把它视为爱好，没有想过把它做成职业，所以在最辉煌的时候我退役了，也就是我刚拿完

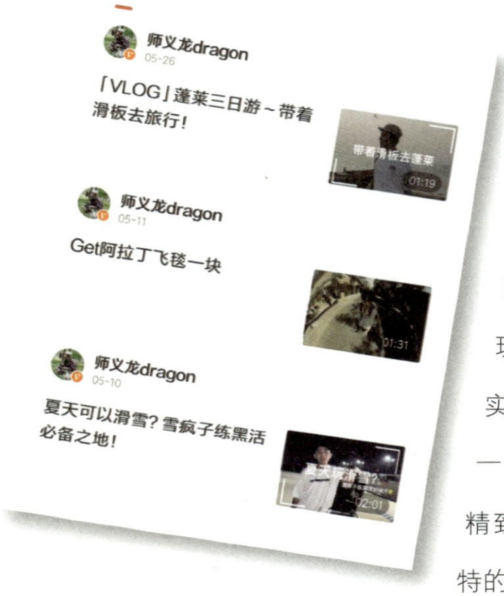

世锦赛的亚军后就退役了。

Q：听你讲做直排轮运动员，包括聊起你现在做的一些事情，其实更多的你都是专注在某一个特别小的领域，做到精致，然后来做成自己独特的这种爱好！

师义龙：我喜欢有一些挑战性的运动，或者说一些比较刺激的，能让我的肾上腺素爆发、荷尔蒙充斥的运动。

Q：其实我们从认识你到现在，我一直认为你是一个特别的人，怎么说呢，不说话坐在那儿，就是一个特别文静的男孩。

师义龙：文静的话，我觉得可能跟我没有深交过的人会这样觉得，因为我笑起来比较僵。但我内心还是比较开放、比较有趣的。

喜欢一件东西，只要你信念足够，没有人能拦得住你

Q：你觉得你喜欢这些运动，跟你自己本身的性格是有关系的吗?

师义龙：我觉得是有关系的。其实我在上学期间就一直在运动，我应该是从中学开始就开始玩直排轮了。当时大家可能还在打游戏上网，所以我当时没有太多朋友，把所有的热情跟注意力都放在运动上了。当然对我来讲，还是非常好的，因为在这个过程中我学会了很多东西，也避免了很多东西。

Q：做这种极限运动会不会让人觉得无论是从意志上还是体能上，都有一个特别高速的提升?

师义龙：其实极限运动不是每一个人都能坚持玩下来的，有很多人都喜欢玩滑板、玩滑雪，那可能是图一时新鲜，玩一段时间觉得太难了，就坚持不下去了。想要把这几个运动玩到极致，是需要很大的耐心跟毅力的。

Q：其实我自己也是个白羊座，我会觉得有的时候，对

某个事情，对自己特别认定的一个事情，我会从头坚持到尾。但是白羊座还有一个问题，就是说他对于某些东西，只是一时兴起，不会长期对一个东西保持浓厚的兴趣。

师义龙：我觉得白羊座也确实有这一点。因为对我来讲，不管是直排轮、滑板还是滑雪，都是爱好，它只是我喜欢的一项运动。当我对这个运动失去兴趣的时候，即使我有再多的光环，我有再多可商业化的东西，我都不会要。我在直排轮事业最辉煌的时候选择了退役，就是因为我对它失去了兴趣。我不想去被任何一个运动束缚，我要享受运动本身带给我们的快乐！

Q：其实你更多的是在感受它给你带来快乐的这个过程，而非它给你带来的这种成就感！退役的时候，你多大？是什么原因使你退役？

师义龙：我应该是 2012 年退役的，当时也 20 多岁了吧。其实我退役最主要的原因就是我对这项运动没有兴趣了，我也说不出来到底是一个什么样的感觉，就好像我玩太久了，我不知道我能否再去突破，或者说是还能玩出什么花样。这个天花板已经到这了，所以我选择退役。退役之后，大概有

两年的时间，我也不知道自己要干什么，因为岁数也不小了，这个时候我朋友说，走吧，冬天我们一起去滑雪。我跟着他们去滑雪，当我穿上雪板踩到雪场那一瞬间，整个人就释然了，就是我感觉所有包袱都没有了，就享受这个大自然最真实的一种回馈吧，从此我就爱上了滑雪。因为都是三五好友，大家开着车，有种度假的感觉在里面，然后同时享受运动最本真的一个东西，我觉得这就是极好的！

想牵人家手又不敢去，牵到手时的满足感，其实跟玩滑板一样

Q：从开始滑雪到现在多久了？

师义龙：我应该滑了有三年的雪，然后滑板差不多玩了有六年。

Q：玩滑板的时候，你也是没有把它当成一个要做到极致的运动，或者只是说是兴趣爱好？

师义龙：其实滑板还是有它自己的文化在里面的，你首先要去了解滑板，了解滑板文化。比如我拿着一块滑板，我不管去到世界各地任何一个地方，只要碰见有滑板的人，我们都可以很快成为很好的朋友。它会成为一种社交方式，滑板人与滑板人之间是没有距离的，就好像是亲兄弟一样，你可以认识到很多特别棒的人，所以这是滑板最吸引我的一个地方。我一开始的时候，很追求滑板的技术，包括之前也有说我是一个完美主义者，我希望把每一个动作做到最帅的那种程度，但是后来它变成了一种生活方式，其实我的生活、我的事业、我的朋友、我的爱情，多多少少都跟滑板有些关系。

Q：你刚刚也说第一次站上雪板，你觉得一切都释然了，那个时候你是处在一个迷茫期，可以这样说吗?

师义龙：对，可以这么讲，因为我经常会沉浸在一个事情里，可能就是一个舒适圈，或者说一个安逸圈，这个时候就需要有人推你一把，或者是抽你两下，让你再冲一下，所以可能就是在那个时候，我的朋友拉我去滑雪，然后打开了我的新世界。

Q：我忽然觉得，直排轮对你来说太熟悉了，你可能不会摔倒，但是你第一次踏上雪板的时候，说不定是在雪地上给你摔清醒了。

师义龙：因为其实在玩滑雪之前，我一直在玩滑板，滑板跟滑雪还是有很多相像的地方，但是也有很多不同的地方。比如说滑板是一个比较自由的运动，你的脚都可以随便放，滑雪就是要固定在脚上，但是它们都是板类运动，而且都是侧向站立的运动，所以其实是有很多共通的地方。我第一次滑雪的时候，不知道该怎么滑，但是我可以做很多动作，比如说跳 Ollie，就是滑板的动作，我滑雪的时候用雪板也可以跳，我身边的人都惊了，所以还是有很多共通的地方。

因为不相信有所谓的极限，所以才要时刻做好准备挑战

Q：我觉得滑板和滑雪玩起来还是有不太一样的地方，就像我们踩滑板的时候，它下面其实是几个轮子，但是滑雪，你可以看到，滑雪板下面是平的，站在雪板上面和站在滑板上，身体所感受的重力各方面都是不同的。

师义龙：对，其实还是有很大区别的，比如说，我们普通的滑板，往死了滑，可能就只能滑个 30 英里、40 英里，就仅此而已了，但是滑雪的话，轻轻松松，随随便便就能上 60 英里、70 英里，世界纪录更是 100 多英里，所以到这种

速度的话，你在滑雪的时候，其实更多的是在滑水的感觉，因为雪板的边刃在接触雪面的一瞬间，雪都已经融化掉了，所以是一个特别奇妙的过程。你在滑雪的时候，旁边都是森林，或者说是那种很漂亮的景色，雾凇之类的，我很难去形容那种感觉，就是你会觉得，这是大自然的一个恩典，特别让人痴迷，所以滑雪也被称为“白色鸦片”。我双板时速最高时突破了国际上 100 多英里，我记得是 127 英里。

Q：刚刚你说，其实你觉得滑板，在你无论是走到国内还是国外，跟同样兴趣爱好的人接触是没有界限的。其实我们以前最常说的一句话，音乐是无国界的，那是不是在

你看来，滑板这种文化，也是在全世界各地都是没有界限可分的?

师义龙：对，我觉得滑板是没有界限的，因为首先滑板是一项非常小众的运动，玩的人本来就很少，能真正把这项运动坚持下来的人更少，因此能坚持下来的人是对这个运动充满了热爱和激情，对滑板文化了解得非常深入的。有一次，我们跟着“一点时光”去泰国，然后我们带着滑板到外面滑，就有一个外国人看到我，说你玩滑板，我说是啊，你也玩是吗? 他说是啊是啊。他说你能做个动作吗? 然后我就做了一个动作，当时失败了，因为没有热身的关系。但是没有关系，大家好像就是特别亲的那种感觉，打招呼，然后交流，特别地真诚。

Q：滑板应该算是街头文化的一种吧? 它最早起源于什么地方?

师义龙：滑板最早起源在美国。其实像这种极限运动一开始都是从冲浪演变过来的，滑板一开始都是在游泳池的池子里面去滑的，因为它是有一个像U型槽的感觉，滑雪也是。创建滑雪运动的这个人，是把冲浪板的尾旗砍断了，然后到雪场去滑，因为那个时候滑雪只有双板，所以这个人被所有的雪场驱逐，然后他不停地去改进自己的这个雪板，最终成为一个奥运会的项目。所以这也是让我们特别自豪的一件事情，你玩这项运动，首先要了解这项运动的文化，这种文化带给你的不仅仅是动力，还有精神在里面。

Q：就像我上学在表演系，前两堂课，几乎都是表演理论课，让我们都觉得对这个专业没有兴趣了。但是确实就像你说的，如果是你不了解一个文化，你不会很准确地要通过自己身体力行去诠释这个运动。刚刚你说，这些运动都比较危险，都属于极限运动，玩滑板的时候摔过吗？

师义龙：有啊，每一次摔跤可能都是因为自己的注意力不集中，基本上我摔跤都是在最基础的动作上摔跤。我觉得这个动作太熟了，没关系，随便做，然后崴脚了。所以我经常跟很多初学者讲，基础很重要，一定要把基础练好了，然后再去进阶。因为我在自媒体上，也在出很多关于初学者的教程，很多人追着我说，能不能更新下一期教学内容，我们好想再学新动作，我就说你基础练好了吗？好好去练基础。

当踩在雪板上的那一刻，世界上的尘嚣都只是过往云烟

Q：我之前看过你发的一些跟基础相关的一些内容，记得有一期是你教大家如何去挑选滑板，当时你列了几个板，有长板，还有短板，还有一种是公路板，对吗?

师义龙：其实说到我之前发的那期滑板内容，算是一个普及的教学吧，那个视频还是有一些争议的。因为我为了让初学者能更清楚地分辨出这个板是玩什么的，那个板是玩什么的，所以我给他们下了一些定义，比如说滑板，双翘，我可能给他们讲这个是做技巧用的；那小鱼板呢，可能就是代步，刷街用的；长板你可以去做一些挑战性运动，或者说是做速降的。有一些网友的评论是很好的，因为他首先是了解滑板的，也支持滑板本身的文化，他觉得滑板就是滑板，其他的东西是其他的东西。像小鱼板或者是长板，它们不是滑板，滑板就应该是两头翘的那种。我觉得他们的说法也没有错，因为他们觉得这个是滑板最原始的状态，或者说是它本来就是这个东西，其他的都是后来的衍生品。但是我为了让初学者能去先建立兴趣，先了解，再去更好地学习滑板文化，做了很多这样的视频。

Q：那你觉得初学者刚开始选择滑板的时候，你一般建议大家选择什么样的？这几种选择分别是什么样的？

师义龙：其实选择哪一种都可以，因为一开始练滑行的时候，任何板都可以，但是我一般可能会建议初学者选择小鱼板，原因有两个：第一，携带比较方便；第二，价格比较低。你先建立兴趣，能滑好，然后你再去选择玩技巧，还是玩长板或者玩其他。

Q：你现在玩的这个板是什么板？你现在玩滑板玩的是技巧还是什么？经常会做哪些技巧？

师义龙：小鱼板，因为小鱼板其实在刷街和解决到家最后 1 公里方面是比较方便的，我们随手拿也比较轻便。我最喜欢的滑板动作，中文讲的话就是跟翻尖翻大乱，跟翻其实就是用脚跟提一个帆板，尖翻就是用脚尖刷一个帆板，大乱就是板转 360 度，公转 360 度，自转 360 度的一个动作。这应该是最能体现个人风格的三个动作。

Q：刚刚说摔倒，你玩滑板摔得最惨的一次是什么时候？

师义龙：其实我玩的每一项运动都受过伤，我锁骨摔伤过，两个脚都崴过，胳膊也被戳破过，但都是我的不小心造成的。所以大家去玩这种运动的时候，一定要集中注意力，不要三心二意，这样的话没有太多危险。不过不管是什么运动，都是有危险性的，跑马拉松还有猝死的情况。大家选择任何运动，一定要量力而行，知道自己的水平在什么位置，不要强行去突破自己的水平，包括一些健身举铁的，你要去突破那个力的时候，是需要人保护的，这是一个道理。

从心出发，从心而止，每个人都应该有一个爱好，而滑雪就是我的精神食粮

Q：我记得之前看过你发的视频，自己拿了一个小的相机，一边滑一边拍，我看你那个道旁边就是高山，周边还有树，我第一感觉是，这要是撞在树上怎么办?

师义龙：对，其实滑雪的话，它分几个水平，滑雪其实是一个慢慢去进步的过程。可能一开始，你只能在雪道上面去推坡，去换刃，去练习，慢慢到最后，你可以去滑野雪，

可以去滑粉雪，可以去高山滑雪，甚至可以飞跳台，这要根据你的个人能力去一点点提升。当然我滑了差不多三四个雪季了，但我的水平可能也还够，我可以去享受不一样的雪道，或者说是不一样的场地。去新疆滑粉雪，那个雪如果你不踩在雪板上，人是直接往雪里跳的，基本就齐腰了。滑起来的时候，就像冲浪的感觉。雪花四处飞扬，那种感觉很难去形容，特别爽，滑雪的这种快感，你只能自己去体验了才知道。

Q：你说的这几个，一个是雪场、粉雪，还有山道，还有一个野雪公园是吗?

师义龙：对，如果说滑雪要细分的话，还是有很多的，你说的领域也好，或者说项目，雪场的话一般是这样的，国内的可能大多数都是压雪车轧过的雪道，还有一些公园有道具；还有一些雪场，比如像新疆的雪场，它会有一些野雪公园，野雪公园就是没有被机器轧过的天然雪。滑那种雪，你不知道下一刻会发生什么事情，有可能前面就是一个包，或者说前面就是一棵树，所以这个时候对你的雪感要求也非常高，对你的技巧要求也比较高，特别有意思。

Q：我了解到你们也会涉及一些公益项目，你是否也会有一些对这方面的规划，比如说你自己的品牌，或者在公益上面做出一些贡献。

师义龙：如果说公益这一块的话，其实我们一直在参与公益，因为之前和很多平台，包括一些公益组织也在合作。我们会给一些山区的儿童捐一些雪服，因为雪服的防风跟耐寒都比较好，可以帮助山区儿童温暖过冬。

Q：刚刚我提到你之前会拍摄一些自己原创的视频节目，

包括一些技能的分享，给一些热爱这项运动的人，当时是什么促使你，从一个运动员转型做一个自媒体人，或者做一个运动类片子的导演?

师义龙：其实我做自媒体最原始的一个动力是因为我玩滑板玩得比较早，那个时候在国内没有正经的教学，或者说是比较好的教学，比较好的影片也比较少。其实我有两个愿望，第一个就是，我希望在冬奥会开到家门口的时候，我可以参与其中，因为我一直在做冰雪内容的推广，也希望更多的人可以参与到冰雪这个项目中来。所以我觉得，如果我可以参与到冬奥会中，不管是做什么，我都特别满足，这是极好的。还有一个愿望就是，我一直在做自己的滑雪品牌，我希望有一天，我们的滑雪品牌可以走向世界，让更多的人知道，在中国也有一个这样的滑雪品牌，我也希望在冬奥会上，能看到有人在使用我们的装备，这个算是我比较期待的那一刻吧。